AF474357

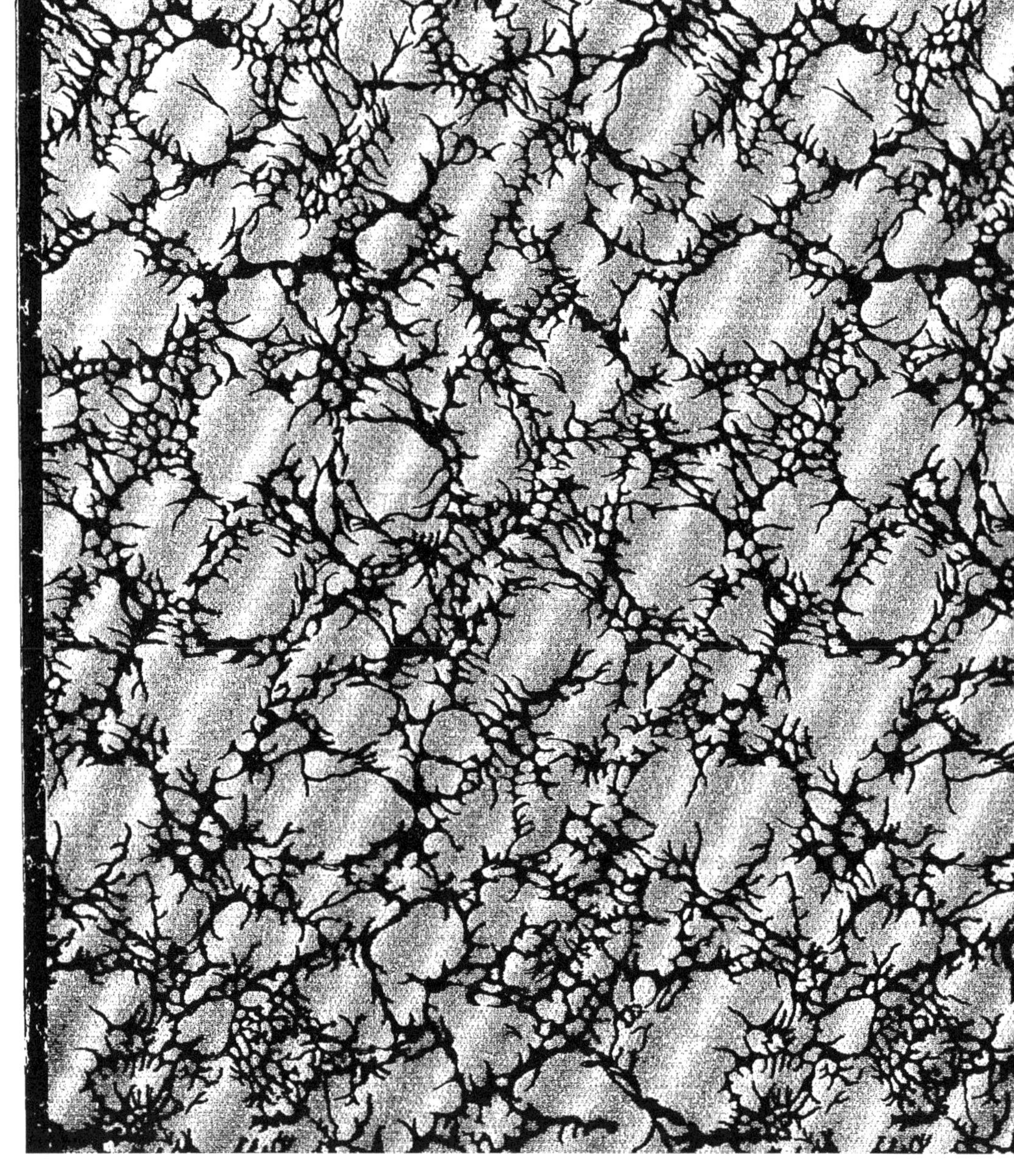

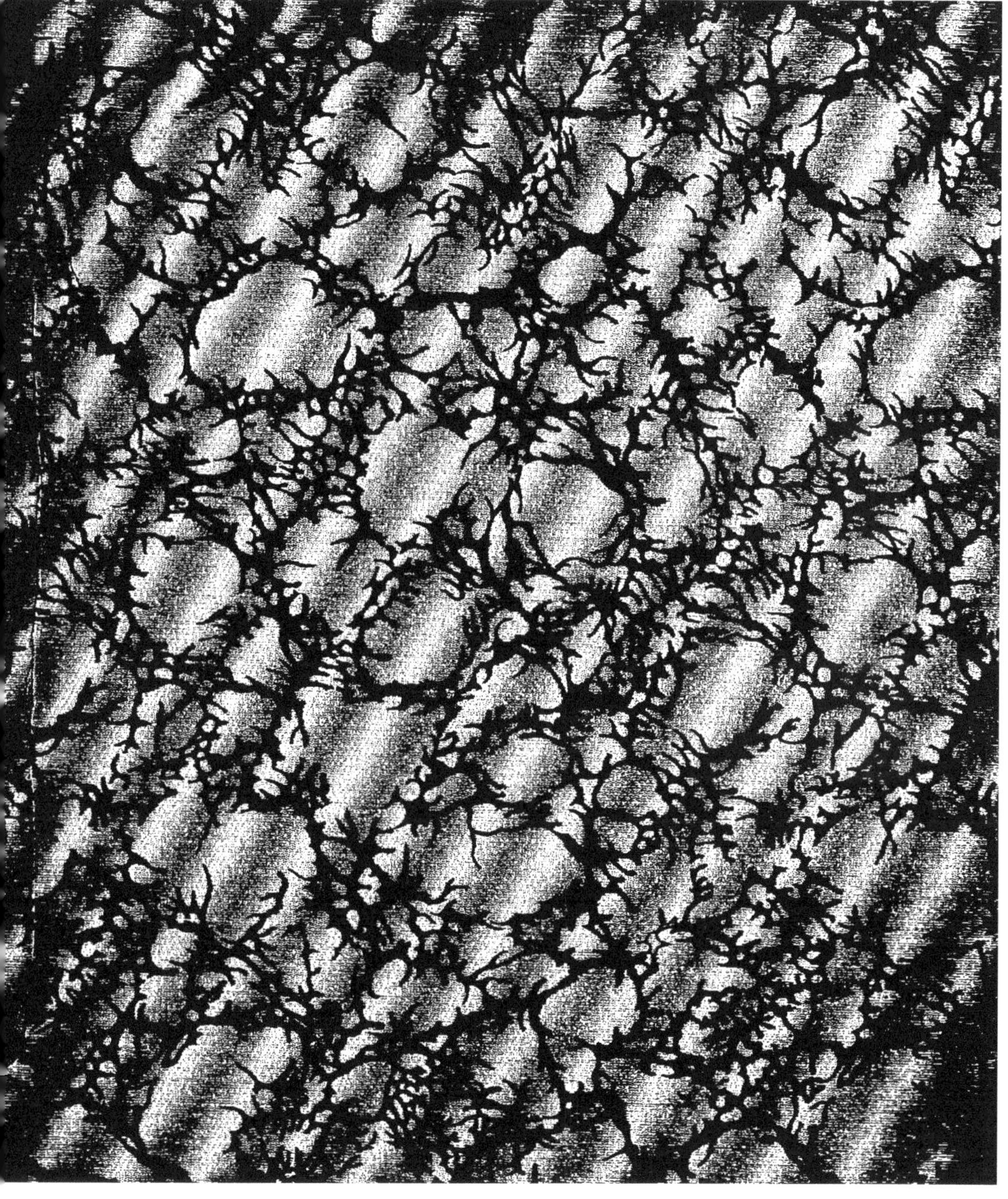

PRÉCIS HISTORIQUE
DE LA CAMPAGNE
DE
NAPOLÉON
EN
ALLEMAGNE
EN 1805.

AVEC

des observations, des rémarques et critiques

ET

VINGT-HUIT PLANS

dessinés sur les lieux par un officier supérieur des armées françaises.

LEIPSIC,
CHEZ BAUMGÄRTNER.

RECUEIL

DE

PLANS DE BATAILLES, ATTAQUES ET COMBATS

GAGNÉES PAR

NAPOLÉON I.

EN ITALIE, EN EGYPTE ET EN ALLEMAGNE.

Avec

une relation de ses campagnes, par deux officiers de son état-major.

Ouvrage destiné à l'instruction des jeunes militaires.

QUATRE-VINGT-QUINZE PLANS ENLUMINÉS.

TOME SUPPLÉMENTAIRE,

concernant toute la campagne d'Allemagne en 1805

ET CONTENANT

VINGT-HUIT PLANS

dessinés sur les lieux par un officier supérieur des armées françaises.

LEIPSIC,

CHEZ BAUMGÄRTNER.

Ces grandes et terribles leçons de tactique que la France vient de donner à l'Europe étonné ne sauroient être trop médités par les militaires de tous grades sur les talens desquels reposent les destinés des Empires, l'honneur, la fortune, la sûreté et l'existence des nations.

PREFACE DES EDITEURS.

L'accueil favorable que le public à fait a cet ouvrage, les éloges qu'on lui a prodiguées et le prompt débit de la première édition, nous ont engagé à en donner une seconde et à la faire traduire en allemand; nous nous y sommes determinés d'autant plus volontiers, qu'un des deux collaborateurs a bien voulu nous faire remettre *vingt-huit plans* des opérations de la dernière campagne des Français en Allemagne. Ces plans dessinés sur les lieux par un temoin oculaire des faits les plus éclatants, et qui, par l'empoi éminent dont il est revêtu, étoit à même de tout voire et de tout connoître, sont d'autant plus précieux que ces faits, à jamais mémorables, y sont répresentés dans le plus grand détail et avec une rare exactitude: ils sont, ainsi que les *soixante-sept plans* précédents, d'une exécution si ingénieuse que les actions les plus compliquées sont rendues très-intelligibles aux personnes même les moins instruites; il n'en est aucune qui, en voyant les *six-temps* différent de la bataille *d'Austerlitz*, ne soit mise à même de juger de la savante disposition des armées françaises, de l'audace de l'attaque des Russes, des fautes de leur disposition générale, de l'art et de l'intrepidité constante avec lesquels ils exécutèrent quelques unes de leurs manoeuvres, qui les rendit d'abord victorieux, et avec quel sagacité et quelle promptitude *Napoléon le grand* sut forcer la victoire à lui rester inviolablement fidèle.

Cette multitude de plans, qui dans cette nouvelle édition se trouve portée au nombre de *quatre-vingt-quinze*, est une source abondante et précieuse d'instruction pour les jeunes militaires; c'est en les étudiant attentivement qu'ils apprendront facilement comme on doit attaquer et se défendre dans toutes les positions et occurences possibles;, et comment avec peu de soldats et peu de risque, on peut attaquer et vaincre des ennemis très-supérieurs en nombre.

Ces grandes et terribles leçons de tactique, que la France vient de donner à l'Europe étonné, ne sauroient être trop médités par les militaires de tous grades sur les talens desquels reposent les destinés des Empires, l'honneur, la fortune, la sûreté, et l'existence des nations.

La relation de la campagne d'Allemagne en 1805 qui accompagne les *vingt-huit plans* qui y sont rélatifs, étant écrite avec l'honnêteté, la moderation et le caractère de véracité qui distingue celle des autres campagnes du plus *illustre des conquerant* en Italie et en Egypte, mérite d'autant plus de captiver les suffrages du public, qu'il semble qu'on s'est plu à ne publier jusqu'à present, de la part des Français, que des relations incohérentes, exagérées, ridicules et souvent grossièrement et bassement outrageantes pour les autres nations. L'ivresse et le délire qu'occasionnent ordinairement de grands succès, ont pu faire naître de tels écrits. Peut-être aussi des raisons politiques et militaires ont-elles commandé d'enormes exagerations pour intimider et décourager les ennemis, contenir les peuples et stimuler les soldats; mais il est un tems où la verité noble et simple se montre avec éclat, et c'est aux vainqueurs que doit appartenir l'honneur de déchirer le premier le voile qui la couvre, et la France peut aujourd'hui, sans danger, faire connaitre, quel étoit l'état critique de ses armées au comble de leurs plus grands succès.

TABLE

du premier Tome.

EXPEDITION D'EGYPTE

CAMPAGNE D'ITALIE

TABLE
du deuxième Tome.

CAMPAGNE D'ALLEMAGNE
en 1805.

CAMPAGNE D'ALLEMAGNE

EN 1805.

La rupture du traité d'Amiens, en ralumant la guerre entre la France et l'Angleterre, avoit laissé le reste du continent en paix; mais des dispositions d'autant plus formidables qu'elles se preparoient dépuis plusieurs années, ménaçoient l'Angleterre d'une descente imminente de nos troupes qui, au nombre de deux cents mille combatans campées sur les bords de l'océan, brûlaient d'impatience de s'élancer sur la côte ennemie pour aller conquerir à Londres la liberté des Mers et la paix du Monde.

L'Angleterre effrayée chercha à se garantir de l'orage, en le dirigeant sur d'autres contrées, elle fommenta, pour cet effet contre la France, une nouvelle coalition formée de la Russie, de l'Autriche, de la Suède et des deux Siciles, et fit en même tems les plus grands efforts pour y engager la Turquie, plusieurs états de l'Allemagne et même la Prusse, dont elle étoit déjà parvenue à ébranler la sage politique.

PLAN DE LA COALITION.

Vingt à trente mille Anglo-Russes rassamblés à Malthe et à Corfu, projetaient de se réunir à trente ou quarante mille Napolitains pour attaquer les vingt mille hommes que nous avions dans le royaume de Naples, puis de marcher vers le nord de l'Italie pour, reunis aux Autrichiens, nous en expulser.

Environ trente mille Russes et Suèdois allaient se porter de la Poméranie sur la Hanovre où ils devoient être joints par quarante mille hommes de troupes Angloises embarquées pour cet effet; de là, cette armée de septente mille hommes, devait se porter sur la Hollande.

Les Alliés se flattaient, en outre, que cent cinquante mille Prussiens, Saxons, Hessois, etc. se porteroient également sur la Hanovre, la Hollande et le Bas-Rhin.

Cent cinquante mille Russes s'avançoient à marches forcées par la Pologne pour venir en Allemagne se réunir à cent trente mille Autrichiens et se porter conjointement sur le Haut-Rhin et la Suisse, tendis que l'Archiduc Charles avec septente à quatre vingt mille Autrichiens agirait dans la Lombardie.

Ainsi la France se voiait menacée, sur le continent, par cinq cents mille hommes effectifs de troupes ennemies, et devait craindre de voir des forces déjà si formidables portées à près de sept cents mille hommes, si la Prusse venait à se déclarer contre elle.

Les forces immenses de la coalition, en se proposant d'agir offensivement depuis les bords de la Baltique jusqu'à la pointe la plus meridionale de l'Italie, voulait nous forcer à une ligne défensive de plus de *quatre cents cinquante lieues* d'étendue tandis que nous avions plus *huit cents lieues* de côtes que nous ne pouvions laisser dégarnie. Jamais, peut-être, la France ne se trouva dans un aussi grand danger. Nous n'avions pas quarante mille hommes de disponibles dans l'Italie septentrionale, qui n'avait d'autre barrière que Peschiera et Mantoue qui n'etaient point aprovisionnées. La Suisse abandonnée à elle même étoit ouverte de tout côtés. Nos frontières, du côté de l'Allemagne depuis Bâle jusqu'à Nimègue, étaient presque dégarnies de troupes, entièrement depourvues de magasins, de moyens de transports militaires, et presque toutes nos troupes étaient à cent et trente lieues du Rhin, sur les bords de l'ocean.

L'Autriche n'ayant pu, ni par ses promesses ni par ses ménaces, déterminer l'Electeur Bavaro-Palatin à joindre ses troupes aux Siennes, ou à les licentier, envahit tout-à-coup la Bavière et mit environ deux cents mille hommes en campagne. L'Archiduc Charles se porta sur l'Adige avec septente mille hommes. Environ trente cinq mille hommes furent jetés dans le Tyrol et le Vorarlberg. Une armée de quatre vingt quatre mille hommes s'avança dans la Suabe jusqu'à Ulm, Buchau et Stockach, d'où elle n'avait que deux ou trois jours de marche pour arriver sur le Rhin; cette armée était commandée par l'Archiduc Ferdinand ayant le général Mack pour Quartier-maitre-général. Une autre armée de dix a quinze mille hommes, sous les ordres du général Kienmayer, s'étendit le long du Danube et dans le Haut-Palatinat.

La cour de Vienne, à en juger par le contenu de sa gazette officiele, paru s'applaudir beaucoup de sa démarche précipitée et de la position qu'elle avait fait prendre a son armée: voici comme elle s'exprimait.

„Le long de la rive orientale de l'Iller, depuis Kempten jusqu'à Ulm, on construit des redoutes par lesquelles cette ligne, qui par sa nature est déjà si propre à servir de position défensive, deviendra encore plus forte. Entre les villes d'Ulm et de Memmingen qu'on fortifie en toute hâte, sur l'Iser, et la Suchussen, et sur les deux rives du Danube, se trouve l'armée de S. M., forte de quatre vingt quatre mille hommes, et formidable sur-tout par sa cavalerie nombreuse, qui dans les vastes plaines de la Suabe pourra se développer suffisament."

„Les troupes russes marchent avec une célérité et un dévouement, dont l'histoire des guerres n'offre presque point d'exemple. Pour faciliter autant que possible leur marche longue et pénible, on les transporte sur des chariots. On espere que la première colonne, forte de cinquante six mille hommes, sera reunie à notre armée, le 11. Octobre, et que la seconde, forte de cinquante huit mille hommes, le sera vers le 30 du même mois; les forces des cours impériales alliées *en Allemagne*, se monteront alors, *sans compter les reserves nombreuses et l'armée dans le Tyrol*, à deux cents mille hommes."

Les généraux autrichiens s'étaient flattés d'obtenir les plus grands avantages, par les mesures qu'ils avaient prises pour se les assurer; ils croiaient avoir employé toutes les précautions que l'art militaire semble exiger; ils s'étaient emparés des positions les plus fortes, ils s'y retranchaient en grande hâte, cherchant à les rendres inexpugnables: ils avaient calculé que nos armées étant éloignées d'environ deux cents lieues d'eux, depourvues de moyens de transport militaires, et n'ayant point de magasins intermediaires, il nous aurait falut, au moins deux mois de tems pour en rassembler et nous montrer sur le Rhin en état de les combattre; qu'avant ce terme, toutes les forces de la coalition seraient reunies et en état d'agir partout, et en même tems, offensivement: qu'alors, la Prusse, faisant cause commune avec eux, nous serions attaqués vers l'Italie et la Suisse par cent quatre vingt mille hommes, sans compter les insurections, qu'on préparait de tout côté; que nous aurions deux cents mille hommes à combattre sur le Haut-Rhin et un plus grand nombre encore sur le Bas-Rhin et en Hollande. De plus, les Puissances coalisées avaient ingenieusement imaginé de nous faire la guerre en hiver, considérant que quelque rude qu'il puisse être, il ne serait, dans nos climat, qu'un printemps pour leurs troupes, tandis que les seules rigueurs de cette saison suffiraient pour faire périr la majeure partie des nôtres, si elles étaient forcées à des marches et de bivouacs fréquens. De fortes gelées ne pouvaient que faciliter extrêmement la conquête de la Hollande;

conquête infiniment précieuse pour nos ennemis et qui les eut mis en état, avec leurs inombrables tronpes, des nous enlever promptement la Belgique et les autres Départements réunis au nord de la France qui, alors, se serait vu, de ce côté, restrainte à ses anciennes limites, et reduite, peut-être, à faire une guerre deffensive à ses seuls dépens, et sur son ancien territoire ravagé par des essains de peuples barbares accurus des extremités du nord et de l'orient.

L'immensité de l'orage qui se formait contre la France et s'avançait rapidement, n'effraya point *Napoleon I;* la démarche précipitée des Autrichiens en Allemagne, samblable à la lueur d'un fort éclair dans l'obscurité de la nuit, lui fit appercevoir le côté foible de l'énnemi, la possibilité de lui porter promptement un coup mortel, et d'étendre à ses pieds, cet énorme colosse.

CONTRE-PLAN

DEFENSIF ET OFFENSIF DES FRANÇAIS.

PLANCHE XVII. CARTE No. 68.

Persuadé que le sort de l'Italie entière, ne pouvait être decidé que dans sa partie septentrionale, nous résolumes d'abandonner le royaume de Naples; les troupes qui y étaient eurent ordre de se rendre sur l'Adige: quelques corps d'infanterie furent promptement dirigés, de l'intérieur de la France, sur ce point, où nous eûmes bientôt une armée de soixante mille combatants, commandée par le Marechal Masséna. Cette armée qui pouvait être attaquée par les troupes de l'Archiduc Charles et celles du Tyrol, c'est à dire par plus de cent mille hommes, avait ordre de ne rien hasarder avant l'arivée des troupes venant de Naples; son état presque purement defensif était très-délicat, mais la valeur de nos troupes, les talens et l'intrépidité mille fois prouvée du Marechal Masséna, ne laissaient aucun sujet d'inquietude.

Aucun mouvement, aucun indice ne présageait la moindre altération dans les bonnes dispositions de la Prusse envers la France. Les Russes et les Suédois qui pouvaient sortir de la Pomeranie, n'etaient ni assez nombreux, ni pourvus de moyens suffissants pour marcher de suite sur la Hollande et y faire quelques progrés. Les troupes Angloises étaient encore dans leurs ports; leur transport, leur debarquement et leur réunion sur le continent depandaient de la nature des élemens, fort capricieux dans l'arrière saison, et quelque favorables qu'ils leurs fussent, les frontières orientales de la Hollande pouvaient se flatter de ne point les voir de sitôt.

La Hanovre étant un pays ouvert nous pouvions en sortir et y rentrer lorsqu'il nous plaîrait: le Marechal Bernadotte, qui commandait nos troupes dans cet Electorat, eut ordre de ne laisser qu'une forte garnison bien aprovisionée dans la forteresse d'Hameln, et de se rendre .... promptement avec toutes ses troupes à Francfort sur le Mayn où il arriva le 22 de Septembre. *(Voyez sa route tracée par Cassel, sur la carte No. 68.)*

L'Electeur Bavaro-Palatin nôtre allié retiré à Wurzbourg, organisait son armée dans cette principauté et dans celle de Bamberg, elle forma un corps, d'environ vingt mille hommes à nôtre disposition.

Deux divisions d'infanterie française et une d'infanterie batave, sons le commandement du général Marmont eurent ordre de se porter de suite de la Hollande sur Mayence, où elles ariverent dans le même temps que l'armée du Hanovre arrivait à Francfort.

Cent quarante mille hommes, campés sur les bords de l'océan, parurent tout-à-coup sur les rives du Rhin: vingt mille voitures avec leurs conducteurs et leurs chevaux, mises en réquisitions dans quelques uns de nos départements, partent au premier appel comme par une impulsion spontanée et se dirigent vers le Rhin, où le 24 Septembre nous avions, depuis Strasbourg jusqu'à Mayence, près de deux cents mille hommes qui n'attendaient que le signal de se porter en avant vers l'ennemi.

Si l'on jete un coup d'oeil sur la carte No. 68. où les frontières de la Bôheme, de l'Autriche et du Tyrol, sont marquées en rouge, on vera que de nôtre position, entre Strasbourg et Mayence, nous n'avions pas de meilleur parti à prendre que de porter promptement et directement toutes nos forces sur la Bavière; sur Ingolstadt, Augsbourg, Munich et Landsberg; d'anéantir le corps de Kienmayer, de tourner l'armée de l'Archiduc Ferdinand de la prendre ou de la détruire avant qu'elle ne fut renforcée de la première colonne de troupes russes; de marcher ensuite a la rencontre de cette première colonne, de la battre et de nous porter directement à Vienne, avant l'arivée de la seconde colonne, pour y forcer l'Empereur d'Autriche à la paix et à nous donner de surs garans de sa durée. On conçoit qu'en forçant l'Autriche à la paix nous nous assurions la tranquille possession de l'Italie et nous nous procurions une entière sécurité du côté de la Suisse et de l'Allemagne méridionale, puisqu'aucune puissance ne peut entreprendre de nous faire la guerre dans ces trois contrées sans l'intervention de l'Autriche. Nous pouvions alors porter toutes nos forces vers le nord de l'Allemagne, si la Russie, la Suède, l'Angleterre et même la Prusse vouloient absolument nous y faire la guerre. Dans cette dernière hypothese, la France auroit eu des forces de reste pour garnir le grand nombre de places fortes de la Hollande et y disputer le terrain pied-à-pied: les gardes nationales réorganisées pouvaient suffire à la défense de nos anciennes frontières; et il est évident qu'aucune armée ennemie qui parviendrait a pénétrer sur la rive gauche du Rhin ne pourrait s'y maintenir tant que nous serons maître de la Hollande. Il nous paraissait donc incontestable qu'en paralisant l'Autriche, nous reduirons à l'inaction tout le reste de cette vaste coalition.

MARCHES ET OPERATIONS DES ARMÉES.

PLANCHES XVII et XVIII. CARTES No. 68 et 73.

Nos forces destinées a agir en Allemagne, et auxquelles nous donames la denomination de la *grande Armée*, étoient composées de huit corps d'armée qui, le 24 Septembre, reçurent tous l'ordre de se porter en avant, pour arriver le 6 Octobre entre Heydenheim et Weissembourg, sur le flanc droit, et au délà, de la position de la grande armée ennemie, qui occupait Ulm, Buchau et Memmingen. Ces huit corps d'armée devoient, de cette première position, se porter selon leurs instructions sur Augsbourg, Munich et Landsberg s'ils ne recevaient point d'ordre contraire.

Le *premier* corps d'armée composé de troupes Bavaro-Palatines, sous le commandement des généraux *Deroi* et *de Werd*, partit de Forchheim, arriva à Furt et Nurenberg le 4 Octobre; à Weissinbourg le 6, où il fit sa jonction avec le corps d'armée du Maréchal Bernadotte; passa à Eichstedt le 8; arriva à Ingolstadt le 9, où il laissa cinq bataillons et deux escadrons, et entra à Munich le 12 Octobre.

Le *deuxième* corps d'armée, commandé par le Maréchal *Bernadotte*, partit des environs de Francfort se dirigeant par Gelenshausen et Orbe sur Wurzbourg et Schweinfurt où il arriva le 27 et 28. Continua sa marche par Uffenheim et Anspach où il bivouaca la nuit du 4 au 5 Octobre; arriva à Weissenbourg le 6; passa par Eichstedt le 8, par Ingolstadt le 9 et entra à Munich le 12.

Le *troisième* corps d'armée commandé par le général *Marmont*, passa le Rhin à Mayence le 24 Septembre, se porta par Francfort, Aschaffenbourg et le pays de Wurzbourg sur Creilsheim et Dunkelspühl où il arriva le 4 Octobre; fut le 6 à Wassertrudingen; arriva le 8 à Neubourg où il passa le Danube le 9; se porta sur Aichach, passa le Lech le 11; traversa Augsbourg le même jour et marcha de suite sur Illersheim.

Le *quatrième* corps d'armée commandé par le Maréchal *Davoust*, passa le Rhin à Manheim le 26 Septembre, se porta par Heidelberg sur Neckareltz où il arriva le premier Octobre; en parti le 2, passa par Meckmuhl, Ingelfingen, Seislingen, Creilsheim, Dunkelspühl, Weiltingen, et arriva à Oettingen le 6 Octobre; entra à Neuburg le 8; passa le Danube le 9, et ses dragons arriverent le même jour le soir à Aichach.

Le *cinquième* corps d'armée commandé par le Maréchal *Soult*, passa le Rhin à Rheinhausen, près de Spire, le 26 Septembre; se porta sur Heilbronn, passa ensuite par Oehringen, Hall, Gaildorf, Gemünd, Aalen, arriva le 6 Octobre au matin à Nördlingen, et le même jour le soir à Donauwerth et au pont de Munster; passa le Danube le 7 à Donauwerth; arriva le 9 à midi à Augsbourg; marcha aussi-tôt sur Landsberg où il arriva le 11 a quatre heures du soir, et se porta de suite sur Memmingen où il arriva le 13, dans la matiné, prit cette ville le 14; et se porta aussi-tôt sur Biberach où il arriva le 15.

Le *sixième* corps d'armée commandé par le Marechal *Nay*, passa le Rhin à Au vis-à-vis de Durlach le 26 Septembre, se porta sur Stuttgard et ensuite par Efslingen, à Goepping, où il était le 4 Octobre, se porta par Weissenstein, Heydenheim et Nattheim à Kossingen (près de Neresheim) où il arriva le 6 Octobre, et fut le lendemin se poster près de Dillingen et de Lauingen.

Le *septième* corps d'armée commandé par le Maréchal *Lannes*, passa le Rhin à Kehl le 25 Septembre, se rendit à Louisbourg, et se porta de là, par Beutelspach, Schorndorf, Gemund et Aalen, à Nördlingen où il arriva le 6 Octobre; se porta par Donauwerth à Wertingen par où il passa le 8; fut à Zusmershausen le 9, et se porta ensuite sur Weissenhorn où il était le 12.

Le *huitième* corps d'armée composé de la reserve de cavalerie, commandé par le prince *Murat*, passa le Rhin à Kehl le 25 Septembre; resta quelque jours dans l'Ortenau, puis se rendit par Stuttgard à Göppingen où il était le 3 Octobre, se porta de là à Heydenheim où il était le 6 Octobre; et se porta de suite à Donauwerth où il arriva le 7 à sept heures du matin, y passa le Danube, arriva à Rain le même jour, passa le lendemain, 8 par Wertingen et fut le 9 à Zusmershausen.

Le *grand Parc* de l'armée passa le Rhin à Kehl le 30 Septembre et suivit, par Heilbron, la route de Nördlingen.

Napoléon I. voulant commander lui-même ses armées, partit de Paris le 24 Septembre; passa le Rhin à Kehl le premier Octobre, arriva à Louisbourg le 3, y séjourna deux jours; passa par Canstadt le 5; arriva à Aalen le 6; fut à Nördlingen le 7; passa le Danube à Donauwerth le 8; et arriva le 9 à Augsbourg.

(Voyez sur la carte No. 68, les routes marquées de ces divers corps d'armées jusqu'au 12 et 15 Octobre.)

POSITIONS DES ARMÉES FRANÇAISES ET AUTRICHIENNES

LE 6 OCTOBRE.

Le 6 Octobre, les huit corps d'armées françaises se trouvaient reunit entre Weissenbourg et Heydenheim, n'occupant qu'une étendue de neuf milles d'Allemagne. Les Bavarois étaient avec le corps du Maréchal Bernadotte à Weissenbourg; le corps du général Marmont était à Wassertrudingen; le corps du Maréchal Davoust était à Oettingen à cheval sur la Wernitz; le corps du Maréchal Lannes était à Nördlingen, celui du Maréchal Nay était près de Neresheim; le corps du Maréchal Soult était près de Donauwerth, et celui du prince Murat était à Heydenheim. Napoléon I, avec sa garde était à Aalen.

Le même jour, 6 Octobre, le général Autrichien Kienmeyer se trouvait, avec un corps d'environ douze mille hommes sur la rive gauche du Danube en avant de Neubourg, occupant cette ville et celle d'Ingolstadt qu'on fortifiaient, et avait un regiment d'infanterie à Donauwerth.

La grande armée Autrichienne, sous le commandement de l'Archiduc Ferdinand occupait encore le même jour, 6 Octobre, ses positions sur l'Iler et sur la Schussen (riviere qui se jette dans le lac de Constence près de Buchorn), et avait des gros corps de troupes à Memmingen, à Ulm et sur le Mont-Bassan près de Riedlingen. Cette armée avait un grand nombre de petits corps volant dans la fôret-noire et le pays de Wurtemberg, dont les patroulles s'étendaient très loin; il en parut le 26 et le 27 Septembre à Pforzheim et à Durlach; le même jour deux cents de leur dragons s'étaient rencontré avec nos patroulles à Frundenstadt. Le 30 Septembre nous primes une de leurs patrouilles à Vaihingen sur l'Enz, non loin de Pforzheim. Le 1 Octobre il y avait encore des detachements autrichiens à Tübingen et à Göppingen.

OBSERVATIONS.

On a beaucoup parlé de la rapidité de la marche de nos armées et de la hardiesse de ses mouvemens; cela m'engage de présenter ici quelques observations à ce sujet. Un dégré de longitude est de soixante mille pas géométriques. Deux mille pas géométriques font une petite lieue, et quatre mille pas géométriques font un mil d'Allemagne.

Des soldats d'Infanterie marchant par troupes et en ordre font ordinairement une petite lieue ou deux mille pas géométriques en une heure de temps. Un voyageur marchant bien, mais sans se géner, fait ordinairement tres mille pas géom. en une heure, et le soldat marchant en ordre de bataillon peut en faire autant.

Le corps d'armée du Marechal *Bernadotte*, dépuis son départ des environs de Francfort jusqu'à son arrivé à Weissenoburg a fait cent et trente mille pas géom. en douze jours de marche; c'est ce qui ne fait pas onze mille pas géom. pour chaque jour: c'est à dire cinq heures et demi de marche.

Le corps du général *Marmont*, dépuis Mayence jusqu'à Wasserdrudingen, a fait cent et quarenté mille pas géom. en douze jours: c'est-à-dire onze mille et demi ou six heures de marche ordinaire par jour.

Le corps du Maréchal *Davoust*, dépuis Manheim jusqu'à Oettingen, a fait quatre vingt et seize mille pas géom. en dix jours, c'est-à-dire neuf mille et six cents pas géom. par jour; faisant moins de cinq heures de marche.

Le corps du Maréchal *Soult*, dépuis Rheinhausen jusqu'à Donauwerth, a fait cent et vingt mille pas géométriques, en dix jours de marche; qui font douze mille pas géom. ou six heures de marche par jour.

Le corps du Maréchal *Nay*, dépuis Au jusqu'à Neresheim, a fait quatre vingt douze mille pas géom. en dix jours, c'est ce qui fait neuf mille et deux cents pas géom. par jour, ou quatre heures et demie de marche.

La marche de nos armées ne peut certainement pas être considerée comme ayant été rapide; mais moins elle fut rapide, plus elle fut hardie.

Il n'y a que quarante mille pas géométriques d'Ulm à Stuttgard, et soixante mille pas, ou quinze mille d'Allemagne d'Ulm à Pforzheim: conséquament il ne falait que quinze ou dix heures de temps aux Partisans, aux Commandans des corps volants, et aux espions des Autrichiens pour leur faire savoir à Ulm le nombre de troupes ennemies qui passaient par ces deux villes. Le trois Octobre il était parti, le matin, seize de nos régimens de dragons de Stuttgard se dirigeant sur Göppingen, où il arriverent le 4; ils se porterent dans la journée du 4 et du 5 de Göppingen à Heydenheim, passant à douze mille pas géométriques d'Ulm. Les corps d'armée des Marechaux *Nay* et *Lannes*, et celui du prince *Murat* passerent par Gemund et Göpping, et conséquament presque à la vue d'Ulm; une partie de nos troupes passa même par Geifslingen (*).

Les généraux Autrichiens purent donc être informé promptement du passage de nos troupes par divers lieux; recevoir des renseignement certain sur leur nombre et sur la direction de leur marche; avoir le tems enfin, de rassembler la plus grande partie de leur armée à Ulm et venir tomber sur le flanc de nos colonnes. Celles qui passaient par Göppingen et Heydenheim auraient pu être écrasées avant qu'elles pussent êtres secourus par celles qui passaient par Gemund et Aalen. Nos troupes, il est vrai, marchaient en colonnes serrées et n'avaient qu'un simple *à droite* à faire pour être en ordre de bataille; mais elles étaient souvent en situation désavantageuse, l'ennemi pouvait arreter et couper la communication de nos colonnes, par la rupture des ponts, l'incendie de quelques villages etc.

(*) Le 3 Octobre une partie des nos troupes passerent déjà par Geifslingen. Le même jour le corps du prince *Murat* arriva à Göppingen et n'arriva que le 6 à Heydenheim. Le Maréchal *Nay* passa le 4 Octobre à Göppingen et arriva le 6 à Neresheim.

Le six Octobre *Napoléon I.* était à Aalin et n'était couvert que par le corps du prince Murat qui se trouvait à Heydenheim. Qu'on jete un coup d'oeil sur la carte No. 73, on vera quelle était, le 6 Octobre, la position de nos huit corps d'armées (*indiquées par huit points rouges*); il sera aisé de juger que l'armée autrichienne, sortant de Ulm la nuit, aurait pu, le 7, tomber sur le corps d'armée du prince Murat et l'attaquer en queue dans sa marche; ce prince accablé par des forces très-supérieures auroit pû succomber avant que le Maréchal Ney fut arrivé à sons secours, et celui-ci pouvait subir le même sort avant que le Maréchal Lannes fut accouru de Nördlingen pour le soutenir. Ainsi plusieurs de nos corps d'armée auroient pu être attaqués et défaits separement.

Cette marche très-hardie ne fut cépendent point inconsiderée, et l'on aurait tôrt de croire que les chefs de nos armées en aient compromi la sureté: dans toute leur marche, à chaque instant, ils reçevaient de toute part les renseignemens les plus positifs sur les positions, les forces, les mouvemens et les dispositions des ennemis. Nous étions assurez du succés.

ATTAQUE DE DONAUWERTH,

PASSAGE DU DANUBE ET DU LECH.

PLANCHE XVII. No. 69, 70, 71 et 72.

Le 6 Octobre, la seconde division du corps d'armée du Maréchal *Soult*, que commandait le général *Vandamme*, ayant forcé de marche et ne s'étant arrété que deux heures à Nördlingen, arriva à huit heure du soir devant Donauwerth, que défendait le regiment d'infanterie autrichienne de Colloredo; nos troupes quoiqu'harrassées de fatigue attaquerent l'ennemi, le culbuterent des positions avantageuses qu'il occupait et s'emparerent de la ville. *(Voyez les Plans No. 69 et 70.)* Les autrichiens passerent précipitement le pont du Danube et puis le rompirent.

Le 7, à la pointe du jour, le prince Murat arriva avec ses dragons; le général Vandamme avait fait occuper la nuit le Schellenberg et placer du canon sur cette montagne devenue célébre par l'histoire de la guerre de la succession d'Espagne, sous la protection de cette artillerie nous retablimes le pont, que nous passames de suite; une partie de nos troupes se mirent à la poursuite de l'ennemi et une autre se diriga sur Maitingen, tendis que le prince Murat avec la division de dragons de Walter se porta sur le Lech. Le colonel Wathier à la tête de deux cents dragons du quatrième regiment, qui formait l'avant-garde, ayant rencontré un corps de cavalerie ennemie d'environ quatre cents hommes l'attaqua avec intrépidité et le culbuta; cette cavalerie s'étant raliée voula disputer le passage du pont, mais nos braves dragons les chargerent de nouveau, emporterent le pont et dissiperent entierement la troupe ennemie. Le prince Murat ayant passé le Lech se porta le même jour, 7, jusqu'à Rain. *(Voyez les plans No. 71 et 72.)*

COMBATS
DE
PÖSTMES ET DE WERTINGEN.

PLANCHES XVIII. No. 74.

Le général Autrichien Kienmayer, a l'approche de nos troupes, avait repassé le Danube à Neuburg, dans la nuit du 7 au 8, et s'était retiré vers Aicha, après avoir fait rompre les ponts du Danube: Une de nos colonne l'attaignit entre Pöstmes et Aicha, le 8, et après un combat de deux à trois heures, où l'ennemi éprouva une grande perte, il fut contraint de se retirer vers Munich.

Le 8, à la pointe du jour, le prince Murat, à la tête de divisions de dragons des généraux Beaumont et Klein et de la division de carabiniers et de cuirassiers commandée par le général Nantousy, s'était mis en marche pour couper aux ennemis la route d'Ulm à Augsbourg en se portant à Zusmarshausen. Arrivé près de Wertingen le prince apperçut un corps considérable d'ennemi, dont la disposition était à-peu-près, comme on la voit indiqué par les lignes ponctuées A, B, C et D; formant un angle composé de six bataillons de grenadiers, dont la gauche était appuyé à un marais et la droite à quatre escadrons de cavalerie posté en *c c;* environ quatre bataillon formaient une reserve en D (Voyez le plan No. 74). Le prince Murat fit attaquer la gauche de l'ennemi par deux regimens de dragons, et leur droite par un régiment de dragons et un d'hussards, qui se porterent par *F* sur la cavalerie ennemie *c c*. Le colonel Arrighi du premier regiment des dragons eu son cheval tué sous lui; son régiment redoubla d'audace pour le sauver et brava le feu le plus violent du bataillon ennemi *B*, qui voyant enfin sa cavalerie *c c*, repoussée jusqu'en G, recula lui même jusqu'en H.

Dans le même tems, la cavalerie de notre droite s'étant porté en *E* sur la gauche de l'ennemi fit reculer le bataillon A, dès lors les quatre bataillons qui formaient la tête de l'angle se voyant tourné et presque envelopé par nôtre cavalerie se formernt en carré et continrent nôtre cavalerie par un feu terrible de mousquetterie, tendis que la cavalerie ennemie raliée en G, sous la protection de sa reserve D et du bataillon B, reculé en H, se trouva de nouveau aux prises avec la nôtre, il y eut plusieurs charges sanglantes et la mêlée fut très-chaude, la cavalerie autrichienne fit les plus grandes efforts pour dégager son infanterie formée en carré et faciliter sa retraite, mais elle fut toujours repoussée par la notre. Dans ces entrefaits, le Maréchal Lannes qui avait suivit nos carabiniers avec la division de grenadiers du général Oudinot, arriva sur le champ de bataille; la premiere brigade de ces grenadiers se porta promptement en K, et commença un feu violent de mousqueterie contre les quatre bataillons qu'elle se disposait à attaquer à la baionette, mais le neuvième de dragons chargant l'ennemi avec impetuosité enfonça le carré, en sabra une partie et força le reste à se rendre prisonniers. Alors les autres bataillons de l'ennemi et sa cavalerie fut éparpillé et mis en fuite. Le général Maupetit à la tête du neuvième de dragons a chargé dans le village de Wertingen; blessé mortellement, son dernier mot a éte, „que l'Empereur soit instruit que le neuvième de dragons s'est montré digne de sa réputation, qu'il a chargé et vaincu aux cris de Vive l'Empereur.“ Le deuxième regiment de dragons s'est aussi beaucoup distingué et a chargé dans le bois. Ce combat qui dura plus de deux heures fut très-sanglant, nous y fimes environ trois mille prisonniers parmi lesquels il y avait deux lieutenant colonels, six majors et plus de cinquante officiers, nous primes sept canons et quatre drapeaux. Sans un marais qui arreta une de nos colonnes qui voulait tourner l'ennemi, rien ne nous serait échappé, et ce corps d'armée, l'élite des troupes autrichiennes, aurait été entièrement pris ou détruit.

POSITION DES ARMÉES

LE 9 ET 10 OCTOBRE.

Le 9 Octobre, le corps d'armée du Maréchal *Bernadotte*, avec celui des *Bavarois*, commandé par les généraux Deroy et Werden, était à *Ingolstadt*. Le corps du général *Marmont* était entre *Aicha* et *Augsburg*. Le corps du Maréchal *Davoust* était à *Neuburg* et à *Aicha*; celui du Maréchal *Soult* était à *Augsbourg*. Le corps du Maréchal *Lannes* était à *Zusmarshausen*: celui du Prince *Murat* était aussi à *Zusmurshausen*. Le corps du Maréchal *Nay* était sur la rive gauche du Danube manoeuvrant dépuis *Dillingen* jusqu'a *Langenau*, pour observer le corps d'armée autrichienne qui était à Ulm. *Napoleon I* était à Zusmarshausen; et la garde Impériale commandée par le Maréchal Bessières, était à Augsbourg. *(Voyez sur la carte No. 73. ces positions distingués par des points verts.)*

La marche de nos armées se dirigeant sur le flanc et le derrière de l'ennemi lui fit faire quelques mouvements plus prope à manifester son embaras et son irresolution, qu'à nous inspirer de l'inquietude. Dans la nuit du cinq au six les Autrichiens s'étaient tellement accumulé dans les environs d'Ulm, que la ville seule a du loger plus de vingt mille hommes. Dans la journée du sept ils avaient un corps nombreux à Guntzbourg et c'est de là qu'ils détacher, le soir du même jour, le général d'Auffenberg sur Wertingen avec les dix bataillons et les quatre escadrons que nous battimes le huit; leur quartier général était alors a Burgeau.

Dans la nuit du huit au neuf il arriva encore d'Ulm de nouvelles troupes ennemies venant de Biberach.

COMBAT DE GUNTZBOURG

LE 9 OCTOBRE.

PLANCHES XVIII. No. 75.

Le 9 Octobre, l'Archiduc Ferdinand avait rassemblé un corps d'environs douze mille hommes près de Guntzbourg et avait sur la rive gauche du Danube un grand nombre de troupes légères commandées par le général d'Asprès. Le Maréchal Nay qui était dans les environs de Lauingen remonta là rive gauche du Danube avec les divisions Malher, Dupont et Loïson, celle de Gazan et la division de dragons à pied du général Baraguay d'Hilliers. Ces derniers eurent bientôt repoussé les troupes légères autrichiennes au délà du Danube après en avoir tué un grand nombre et fait quelques centaines de prisonniers; parmi ces derniers était le général d'Asprès.

Le Maréchal Nay fit attaquer le pont de Guntzbourg par la division Malher. La position de l'ennemi, en A et B, sur la rive droite du Danube, était formidable, tant par la nature du terrein qui nous dominait que par sa nombreuse artillerie avantageusement postée. Nos troupes se porterent avec intrépidité sur le bord du Danube bravant le feu de l'ennemi qui couvrait nos rangs de balles et de mitraille. Le général Malher ordona au cinquante neuvième régiment de franchir le pont, sous la protection de notre artillerie et du feu du bataillon *c*: le premier bataillon de ce régiment s'élança en colonne serrée sur le pont, mais le feu terrible et croisé de l'ennemi l'arreta et le fit reculer, en vain cet intrépide bataillon, soutenu des deux autres, retourna t-il plusieurs fois à la charge, il dut renoncer à passer un pont qu'on eut finit par encombrer de cadavres. Enfin le bataillon D se jeta dans le petit bras du Danube et s'empara de l'Isle E; ce bataillon fut aussitôt suivi de trois autres qui se jeterent tous dans le grand bras du fleuve, qu'ils passerent en partie à la nage, parvinrent à la rive opposée, la gravirent et s'emparerent de quelques canons: c'est alors que le combat devint opinâtre et sanglant; chaque soldat en arrivant sur la rive droite devait lutter contre les ennemis qui s'efforçaient de le repousser; il falut combattre corps à corps et se faire jour à coup de baionette. Nos quatre bataillons gagnerent enfin du terrain, se formerent en colonne et se porterent en avant; alors ils furent attaqués par la cavalerie ennemie, soutinrent ses charges reitérées avec une intrepidité et un sang froid impossible à décrire et finirent par gagner un bois qui les mit à l'abri de toute attaque ulterieure. L'ennemi nous voyant maître de la rive droite et dans l'impossibilité de se soutenir d'avantage dans sa position, profita des tenebres de la nuit pour se retirer sur Ulm. Quelques canons resterent en notre pouvoir; nous fimes environs neufcents prisonniers, et nous trouvames en outre plus de six cents blessés dans les hôpiteaux de Guntzbourg.

L'Archiduc Ferdinand ayant perdu le combat de Guntzbourg se retira aussitôt, dans la nuit du 9 au 10, à Ulm où il établit son quartier-général. Le 10 une grande partie de l'armée autrichienne passa par Ulm et se porta sur la rive gauche du Danube, se dirigeant vers Albeck. La lendemain, 11 Octobre, la division Dupont du corps d'armée du Maréchal Nay, qui s'avançait vers Ulm, apperçut les Autrichiens près d'Albeck, et les attaqua aussitôt sans s'inquietter de leur nombre: on se battit de part et d'autre avec un acharnement et une opiniatreté sans égale, mais les Autrichiens reçevant continuellement des renforts, notre division dût abandonner le champ de bataille, voyant qu'elle allait avoir toute l'armée autrichienne sur les bras. Un gros corps d'Autrichiens, composé de plusieurs bataillons et d'environ quatre cents hommes de cavalerie parût le même jour à Heydenheim. Ce jour là aussi, le Maréchal Bernadotte arriva avec son corps d'armée et celui de Bavarois à deux lieues de Munich: le général autrichien Kienmayer qui était dépuis le 9 dans cette ville avec son armée commença à l'évacuer à 6 heures du soir; et le lendemain, 12, à sept heures du matin nos troupes entrerent dans cette ville avec les Bavarois: il n'y avait que quatre semaines que les derniers en étaient sortis. Le Maréchal Soult, qui était parti d'Augsbourg dans la nuit du 9 au 10, arriva le onze à Landsberg à quatre heures du soir, et y rencontra le régiment de cuirassiers de l'Archiduc Ferdinand, qui, avec six pièces de canons se rendoit à marches forcées à Ulm. Le Maréchal le fait charger par le vingt sixième de chasseurs: l'ennemi fut culbuté et mis en fuite, nous lui primes deux pièces de canons, un lieutenant colonel, deux capitaines et cent vingt cuirassiers. Le Maréchal croyant que l'ennemi, qui avait pris la fuite, continueroit sa route sur Memmingen, envoya plusieurs régimens pour le couper: mais il s'était jetté dans un bois où il se rallia et se retira ensuite dans le Tyrol. Le 12 le Maréchal Soult se dirigea sur Memmingen, où il arriva le 14 à la pointe du jour; il fit investir la place qui capitula le même jour après quelques pourparlers. La garnison, forte de six mille hommes, consistant en neuf bataillons dont deux de grenadiers, se rendit prisonnier. Les soldats et bas-officiers furent conduits en France: les officiers, au nombre de deux cents, furent, *avec leurs chevaux et leurs équipages,* renvoié en Bohéme, ayant donné leur parole *d'honneur* de ne servir qu'après échange. Cette brave troupe était commandée par le général Baron de Spangen (neveu du célébre général Clerfay), par le colonel Wouwermans et le major Baron de Lauer.

Nous trouvames dans la place une grande quantité de munitions et de bagages appartenant à l'armée.

De Memmingen, le Maréchal Soult continua sa marche par Ochsenhausen sur Biberach où il arriva le 15: chemain faisant il fut informé que les corps autrichiens qui étaient à Tuttlingen, Muhlheim, Friedingen et jusque dans le Hegau, se concentrait à Stockach; où chaque jour il arriyait de nouvelles troupes d' autres endroits; quelques jours après nous fumes informées, que toutes ces troupes étaient parties le 16 de Stockach, se dirigeant, par Pfullendorf, vers le Vorarlberg. Nous apprimes aussi en approchant de Memmingen que depuis le 10 jusqu' au 13 il avait passé par Kempten une grande quantité de bagage, les chancelleries, la caisse militaire, etc. de l'armée autrichienne se dirigeant vers le Tyrol. On nous informat aussi à Landsberg que dans la journée du 10, il était passé par la dite ville, vingt pièces de canons et les équipages des pontons de l'armée autrichienne; le Maréchal Soult mit aussitôt (le 11 le soir) à leur poursuite, le général Sébastiani avec deux régimens de dragons. (*)

(*) Un corps bavarois réuni à un détachement du cinquième régiment de nos chasseurs et à un autre de la garde, a fait le 12, quatorze cent prisonniers, et s'est emparé de 160 chevaux, deux canons et 50 voitures de bagage.

Le 14, le major Bavarois d'Elpracht à la tête des chevaux légères de Linange, a attaqué, sur la route de Munich à Wasserbourg, un train d'artillerie autrichienne. Après un vif engagement, le détachement qui l'escortait fut dissipé et les Bavarois s'emparerent de dixsept pièces de canons et de quelques centaines de petites armés. Dans le même tems, les paysans d'Aibling se sont emparés de quinze canons autrichiens qu'on devoit conduire à Kuffstein; ils les ont menés en triomphe à Munich.

POSITIONS DES ARMÉES

LE 12 OCTOBRE.

Le 12 Octobre, le corps *d'armée Bavaroisse* occupait *Ingolstadt* et *Munich*, et avait leurs avant-postes sur la route de *Wasserbourg*.

Le corps d'armée du Maréchal *Bernadotte* était à *Munich*, ses avant-postes sur les routes de *Wasserbourg*, *d'Aibling* et de *Wolfertshausen*, vers le Tyrol. Les bagages de plusieurs généraux autrichiens tomberent au pouvoir de ces troupes légères.

Le corps du Maréchal *Davoust* était à *Dachau*, et son avant-garde à *Mosach*. Ces chasseurs rencontrerent les husards dé Blankestein, les attaquerent, et les mirent en deroute: dans diffiens engagemes ces chasseurs firent une soixantaine de prisonniers.

Le corps du Maréchal *Nay* était entre Güntzbourg et Ulm, à cheval sur le Danube, c'est à dire occupant les deux rives de ce fleuve, depuis *Langenau* jusqu'à *Biberbeuren*.

Le corps d'armée du Maréchal *Lannes* était à *Weissenhorn*; sa droite touchait la gauche du Maréchal Nay.

Le corps du général *Marmont* était vis-à-vis *d'Ileraichheim*, sa droite touchait la gauche du Maréchal Lannes, et sa gauche s'étendait jusqu'à mi-chemin de Memmingen.

Le corps du Maréchal *Soult* était dans les environs de Mindelheim, se dirigeant sur Memmingen.

Le prince *Murat* avec la reserve de cavalerie était derrière le corps de *Lannes* et *Marmont*.

Napoleon I, était à *Burgau* avec la garde Impériale. *(Voyez sur la carte No. 73, les positions de ces neuf corps marquées par des points jaunes.)*

A cette époque (12 Octobre) les Autrichiens étaient encore disséminé dans la Souabe; ils avaient des corps considerable à Memmingen, le long de l'Iler, à Stockach, à Riedlingen, à Ulm et dans les environs d'Heydenheim.

OBSERVATIONS.

Nous avons déjà fait observer que, nos colonnes ayant passés le trois et le quatre Octobre par Göppingen, Geislingen et Heydenheim, les généraux antrichiens informés de nôtre marche sur le flanc de leur armée et dirigé vers la Bavière, avait eu le temps de rassembler assez de troupes pour attaquer quelques uns de nos corps d'armées dans leur marche; on a dut, sans doute, être surpris qu'ils ne l'ait seulement point tentez et qu'aucune de leurs nombreuses troupes légères ne se soient montrée à nos longues colonnes dépuis Stuttgart, jusqu'à Ingolstadt. Mais combien notre étonnement a du être extrême lors que huit jours après notre passage par Heydenheim, après avoir traversé la Bavière et être entré dans la Haute-Suabe par le côté oriental, nous trouvames encore l'armée autrichienné dispersée en petits corps à peu près dans les mêmes positions où elle se trouvait avant notre passage du Rhin!

Que signifiait ce corps de douze mille homme commandé par le général Kienmayer près de Neubourg? Que pouvait-ont attendre de ces six mille hommes qu'on envoiait, avec le général d'Auffenberg, à Wertingen pour arreter l'armée française? Eh! pourquoi l'Archiduc Ferdinand et le général Mack qui avaient quatre vingt mille hommes sous leurs ordres ne se sont-ils presentés à Guntzbourg qu'avec quinze mille homme? Pourquoi laisser du côté de Stockach un grand nombre de troupes huit et dix jours après notre entrée en Bavière? Que faisaient ces neuf bataillons dans Memmingen si la place n'était pas ténable; et si elle était susceptible de quelque résistance, pourquoi la rendre promptement sur une simple sommation que fait une troupe qui arrivoit harrassée de fatigue, dans la boue jusqu'aux genoux, exposée à une pluie abondante et au tems le plus rigoureux, sans tentes, sans provisions et sans attirails de siège?

Où était *cette cavalerie nombreuse qui rendait l'armée antrichienne formidable*, et *qui dans les vastes plaines de la Suabe pouvait se développer suffissament?* Pourquoi faisait-on accourir du Tyrol et de l'Italie de nouveaux régimens, lorsqu'on en avait un grand nombre sous la main, dont on ne faisait aucun usage dans les besoins les plus pressans?

Pourquoi les généraux autrichiens, nous voyant passer le 2, le 3 et le 4 Octobre par *Göppingen*, Geifslingen et Heydenheim, et voyant toutes nos armées, le 6, sur le derrière de leur flanc droit, et nous dirigeant vers la Bavière où il n'avait que douze mille hommes, pourquoi, dis-je, n'ont-ils pas porté promptement leur armée sur Augsbourg, ou sur Landsberg, et sur Munich où ils pouvaient arriver avant nous et faire leur jonction avec le corps du général Kienmayer? (*)

(*) Le 14 Octobre, je suis parti d'Augsbourg à sept heures du soir avec une troupe qui avait déjà marchée toute la journée: nous marchames toute la nuit et le jour suivant très-lentement, et nous arrivames aux portes de Ulm avant la fin du jour avec notre artillerie et nos caissons qui nous avait beaucoup retardé. Cette marche fut certainement lente puisque nous restames vingt deux heures pour ne faire que trente huit mille pas géometrique faisant, dix neuf petite lieues. Il n'y a pas plus de distence d'Augsburg à Munich, que de Ulm à Augsbourg; donc, l'armée autrichienne partant de Ulm dans la soirée du sept pouvoit être à Augsbourg le huit; où nos premières troupes n'arriverent que le neuf. Cette armée aurait pû aussi être le onze à Munich, où était encore le corps du général Kienmayer.

Si l'on jette un coup d'oeil sur la carte No. 68. on verra que l'armée autrichienne placée à Landsberg ou à Munich se serait trouvée dans une position infiniment moins critique, puisque de Landsberg elle aurait pû se jetter dans le Tyrol, et que de Munich elle auroit pû se retirer sur Braunau, et dans l'Autriche qu'elle aurait couverte et où elle aurait été renforcée et jointe par les troupes russes.

C'est sont là autant de questions qu'on ne peut s'empecher de faire, et dont il serait très-curieux de voir les reponses.

Il ne doit donc pas paraître étonnant, si l'on considére nos forces nombreuses et leurs manoeuvres, qu'une armée disséminée, engourdie et dont les chefs étaient irrésolus, se soit attirées les plus grands et les plus honteux malheurs.

Qu'on me permette encore ici une observation sur la marche vraiment admirable du Maréchal Suchet; elle est la plus belle, la plus extraordinaire et la plus hardie de toutes celles que nos armées ait jamais faites.

Nous avons marqué en rouge, sur la carte No. 73, la route que nos armées ont suivit le plus près de l'armée ennemie, depuis Stuttgard jusqu'à Nördlingen en passant par Göppingen, Geislingen et Heydenheim. Nous avons marqué en jaune la route qu'a tenue le corps d'armée Bavaroise et celui du Maréchal Bernadotte, dépuis Weissenbourg jusqu'à Munich, comme étant celle qui se fit le plus loin de la grande armée autrichienne. Enfin nous avons marqué en bleu la route qu'a suivi le corps du Maréchal Soult dépuis Heilbron jusqu'à Biberach (*). Nous avons déjà fait observer que dépuis le passage du Rhin jusqu'à Donauwerth, ce corps d'armée, composé des divisions *Vandamme*, *Saint Hilaire*, et *Legrand*, avait fait douze mille pas géometriques chaque jour l'un portant l'autre et qu'aucun autre corps n'en à fait d'avantage. L'on voit sur la carte No. 73, que de Gemund à Biberach, en passant par Ulm il n'y à que trente huit mille pas géom. ou dix neuf lieues, qu'on peut faire en une seule marche *(voyez la dernière note precedente)*; or, qu'on examine le grand circuit qu'a du faire ce corps pour se rendre de l'un à lautre lieu; on verra une marche de cent trente mille pas géometrique ou soixante neuf lieues.

(*) Les chiffres indiquent à quelles dates du mois d'Octobre nos troupes ont passés, ou sont arrivés.

Cette marche ne fut point rapide, et, ainsi que les autres, elle ne pouvait l'être; parce que marchant sans convois de vivres. nous étions obligés de tirer nos subsistances par voies de réquisition et d'execution dans tous les lieux où nous arrivions et dans leurs environs; parce que marchant entourés d'ennemis nous devions ne le faire qu'avec de très-grandes précautions et attendre souvent après les rapports de nos éspions, qui quoique nombreux, n'arrivaient souvent ni asséz vite ni suffissament instructifs: mais moins cette marche fut rapide plus elle fut audacieuse, puisqu'elle laissait aux ennemis le loisir d'en être instruit et celui de rassembler assé de force pour venir écraser un corps qui avait la témerité de marcher entre le Tyrol et sa grande armée de quatre vingt mille hommes. Le corps du Maréchal Soult, se distingua en outre dans cette belle marche, par ses faits militaires. Prendre Donauwerth. Passer le Danube. Battre un régiment de cavalerie qui venait du Tyrol, en prendre une partie et obliger le rester à retourner promptement d'où il venait. Prendre une ville fortifiée, faire sa nombreuse garnison prisonnière de guerre et l'envoyer en France par Augsbourg, c'est à dire par le chemin de l'Autriche. Puis aller se poster à Biberach au milieu des ennemis: Ce sont autant de faits digne de l'attention, et j'ose dire de l'admiration, des militaires.

ATTAQUE D'ELCHINGEN

LE 14 OCTOBRE.

PLANCHE XVIII. No. 76.

En jetant un coup d'oeil sur les cartes No. 68 et 76, on vera que l'Archiduc Ferdinand et le général Mack, se trouvoient à Ulm dans la position la plus critique; il ne pouvoient plus se retirer vers le Tyrol et encore moins vers la Bavière sans avoir à combattre les six corps d'armées qui lui en barrait le passage. *(Voyez les points jaunes, accompagnés du chiffre 12, sur la carte No. 73.)*

On voit sur la carte No. 68. que la distance d'Ulm à Egra est la même que celle d'Ulm à Passau; ne pouvant plus penser à couvrir l'Autriche l'Archiduc Ferdinand ne pouvait prendre de parti plus sage que de se retirer promptement, avec son armée vers la Bohême; c'est aussi ce qu'il entreprit et ce prince pouvait se flater du plus heureux succés, si on ne lui avoit pas encore fait commettre une faute majeur qui perdit presque la totalité de son armée. Les troupes autrichiennes qui ne s'étoient presque pas remués devoient être fraiches et disposées pour une marche rapide. Nos troupes au contraire étaient extenués et arrassés de fatigues; d'ailleurs nous ne pouvions envoyer à la poursuite de l'armée ennemie, se retirant vers Nurenberg, qu'une partie des troupes que nous avions à la rive gauche du Lech; autrement nous aurions exposé le corps d'armées des Maréchaux Davoust et Bernadotte, ainsi que les Bavarois à être écrasés par les Russes reunis aux troupes de Kienmayer, aux reserves de l'Autriche, aux troupes du Tyrol et aux differens corps autrichiens qui se trouvoient encore dans la Haute Suabe.

Laisser échapper le corps d'armée de l'Archiduc Ferninand était manquer l'operation essentielle de notre campagne; il était arrivé le moment de frapper le coup que nous avions medité, il ne falait point le laisser échapper. Le treize toutes nos troupes se mirent en mouvement et Napoleon I se porta en personne vers Ulm. Le quatorze, le général Marmont s'empara des ponts d'Oberkirchen et d'Unterkirchen, ainsi que de tous les autres points de communications sur l'Iler; et fit avancer la division de dragons à pied du général Baraguay-d'Hilliers jusque vis-à-vis la tête de pont d'Ulm.

Le Maréchal Lannes s'approcha également d'Ulm et fit occuper les petites hauteurs près du village de Pful, et qui dominent la plaine d'Ulm, où le prince Murat fit manoeuvrer les divisions de dragons des généraux Klein et Beaumont qui mirent toute la cavalerie ennemie en désordre; après quoi les dragons à pied de Baraguay d'Hilliers attaquerent la tête de pont d'Ulm (*A.* No. 78) et s'en emparerent, c'est ce qui occasiona un extrême désordre dans la ville. Tout ceci n'étoit qu'une fause attaque pour attirer toute l'attention de l'ennemi sur Ulm et le distraire du vrai point qu'on vouloit attaquer, qui étoit Elchingen. (*Voyez les plans Nos.* 76 *et* 78.)

L'ennemi avoit posté plus de dix mille hommes avec une nombreuse artillerie pour deffendre les hauteurs et le passage du pont d'Elchingen; le Maréchal Nay le fit attaquer par la division Loison. Bravant audacieusement le feu terrible de l'artillerie et de la mousqueterie ennemie, notre infanterie s'approche des rives du Danube, et notre artillerie fut placée en *A*, *B*, *C*; de cette position elle foudroya l'infanterie ennemie postée en *M* et *N* sur le bord du fleuve, et ne tardat pas à y porter le plus affreux desordre; alors quatre de nos bataillons se porterent de *D* en *E* et de *F* en *G* et sous la protection de leur feu les trois bataillons du soixante neuvième régiment de ligne se formant en colonne serée se porta de *K* en *L*. Ce brave régiment attaqua et franchit le pont avec une intrepidité rare; arrivé sur la rive gauche du fleuve il se devélopa sous le feu des Autrichiens avec un ordre et un sang' froid qui deconcerta l'ennemi et le pénétra d'admiration. Deux autres régimens passerent aussitôt le pont et, se joignant au précédant, ils gravirent et emporterent les hauteurs d'Elchingen. L'ennemi étonné de tant de bravoure se hâta de sauver son artillerie et la précipitation qu'il mit dans cette opération augmenta le desordre de sa troupe que nous trouvames, en l'abordant dans la plus grande confusion: nous fimes environ dix huit cents prisonniers et nous restames maîtres de la superbe position d'Elchingen et du passage important de son pont. Le Maréchal Nay ayant fait passer de nouvelles troupes elle poursuivirent l'ennemi jusqu'à ses retranchemens autour d'Ulm.

L'Archiduc Ferdinand, voyant le pont et la position importante d'Elchingen en notre pouvoir, dût hater son projet de retraite. Ce prince fit tirer des divers régimens tout ce qu'il y avait d'hommes et de chevaux hors d'état de marcher ou de marcher promptement et les jetta tous dans Ulm avec vingt deux bataillons et quelques escadrons, pour defendre cette ville et ses retranchemens élevés sur le *Michelsberg*, le *Kuhberg* et le *Galgenberg*. (*Voyez le No.* 78.)

Dans la soirée du même jour (14) l'Archiduc, qui avait déjà fait partir toute l'artillerie, les caissons et chariots de bagages pour la Bohéme par la route de Nurenberg avec deux corps d'armée sous les ordres des généraux Hohenzollern et Werneck partit lui méme accompagné du prince de Schwarzenberg, et un grand nombre d'autres officiers et quatre escadrons de cavalerie, dirigeant sa retraite par Geislingen, Gemund et Aalen, pour ne point tomber dans les colonnes embrassés des généraux Hohenzollern et Werneck, marchant par Giengen et Heydenheim sur Nördlingen.

Nous n'apprimes que le quinze, dans la matiné, la retraite de l'Archiduc et de l'élite de son armée: le tems étoit horrible; dépuis deux jours la pluie tombait par torrent, tout le monde était trempé, le soldat, dans la boue jusqu'aux genoux, était sans distribution, les fleuves débordés et les chemins devenus presque inpratiquable apportant de très-grand obstacles au transport des subsistances, n'en pouvant plus tirer du canton ruiné où nous étions, ne pouvant cependant pas laisser derriere nous une ville fortifiée contenant une nombreuse garnison qui se seroit énormement grossie par le refuge de corps éparpillés en Souabe; notre situation était extraordinairement critique. Il nous fallait, en même tems, poursuivre l'ennemi; attaquer et prendre promptement Ulm, ou décamper et manquer l'operation la plus essentielle de la campagne. Nous ne pouvions rester long-tems dans la position où nous étions sans périre de faim et de misére.

Napoléon I. envoya de suite le Prince Murat et le Maréchal Lannes à la poursuite de l'ennemi avec douze mille hommes d'élite à pied et six mille chevaux: et s'approchant d'Ulm, il mit ses troupes en bataille devant cette ville pour forcer les retranchemens ennemis: après une vive canonade ils furent tous emportés: celui du *Michelsberg* dominait tout ces alantours, fiers de leur position les autrichiens qui le defendait se promettoient la plus vigoureuse resistence; nous fimes Avancer un régiment en *C*, faisant mine de l'aborder de front pour attirer toute l'attention de l'ennemi de ce côté: en même tems deux autres régimens, s'étant avancés par *A* et *B* sur les flans de la montagne, par les ravins lateraux, parurent tout-à-coup sur la crete de la hauteur et assaillirent les retranchemens de l'ennemi. *(Voyez le plan No. 77.)*

Le dixseptième régiment d'infanterie légère entra le premier dans le retranchement; le combat fut opiniatre et sanglant, mais les Autrichiens durent enfin ceder à la valeur de nos troupes et se rétirer dans la ville. Le colonel Vedel du dixseptième légère qui étoit entré le premier dans le retranchement, se précipita jusqu'au bas de la montagne avec ses tirailleurs en poursuivant l'ennemi en *D*. Emporté par une trop grande impetuosité cet intrepide colonel, en poursuivant la foule des fuiards pénétra pêle-mêle avec eux dans la ville d'Ulm avec cinq autres officiers et environ cent soldats qui, n'ayant point été suivis par d'autre, furent fait prisonniers dans le place.

ATTAQUE D'ULM

LE 15, 16, ET 17 OCTOBRE.

PLANCHES XVIII. No. 77 et 78.

Tous les retranchemens des environs d'Ulm, ainsi que la tête du pont de cette ville, ayant été emportés par nos troupes; et tous les Autrichiens qui étaient dans les environs de cette ville et qui n'avaient pas suivis l'Archiduc Ferdinand, ayant été repoussés dans la place, s'y trouvaient bloqués par notre armée dans la soirée du quinze Octobre. *(Voyez le plan No.* 78.)

La ville d'Ulm n'avait jamais pû être considerée comme une forteresse: dans la dernière guerre elle nous fut livrée par l'Autriche; à cette époque toutes ses defenses consistaient en une enceinte bastionée, revetue de pierre de taille, chaque porte était couverte d'un ravelain ou demi-lune; le tout entouré de fossés larges, profonds et remplis d'eau; cette dernière circonstance pouvait mettre la ville à l'abri d'une escalade hors les tems de gelées; mais elle la privait d'un des grands moyens de defense, qui est l'usage des mines. D'ailleurs cette ville étant dominée par les hauteurs voisines, qui ne sont éloignées que d'une demi-portée de canon, pouvait être frondroyée par des feux plongant; les faces, les flancs et même les courtines étaient enfilés par les *commandemens:* c'est ce qui avait obligé les Autrichiens à élever de très-hautes traverses sur les capitales des bastions et à construire des retranchemens sur les hauteurs vôisines. Nous avions detruites toutes ces nouvelles défenses et même une grande partie de l' enceinte, dans la dernière guerre avant d'abandonner cette ville. Les Autrichiens qui venaient de l'occuper de nouveau n'avoient point eu assez de tems pour rétablir ses defenses: les retranchemens qu'ils avaient commencé à reconstruire sur les hauteurs voisines n'étoient point encore achevés, c' est ce qui nous avait facilité le moyen de les en chasser promptement. Quant à l' enceinte de la ville, ils l'avoient rélevé en tirant les déblais de fossés; mais ce travail ne leur avait procuré qu'un très-fort retranchement: qui, cependant, vû la largeur et la profondeur de fossés, près la contre-escarpe, rendait l'escalade très-difficile hors le tems de forte gélée. Dans cet état des choses, le grand nombre d'Autrichiens qui se trouvaient dans Ulm pouvaient, avec des chefs determinés, nous opposer une vigoureuse resistence et même en la prolongeant de quelques jours nous obliger à nous retirer, vu que le tems leurs était aussi favorable (*) qu'il nous était extremement contraire. Ainsi que nous l'avons déjà dit, depuis plusieurs jours la pluie tombait par torrent; nos soldats sans abris et presque sans vivre étaient dans la boue jusqu'aux genoux; le service de notre artillerie étoit très-difficile, car chaque coup que l'on tiroit enterrait la pièce jusqu'à l'essieu. Nôtre facheuse situation fut excessivement empirée par un ouragan horrible qui eut lieu dans la nuit du seize; le Danube deborda avec une violence sans exemple depuis plus d'un siècle, la plus grande partie de ses ponts furent rompus, notament celui d'Elchingen, seule communication que les divers corps de nôtre armée, placés autour d'Ulm sur l'une et l'autre rive, avoient entre eux. On conçoit que par cet accident les moyens de nous procurer des subsistances devenoient encore plus difficiles. Nos divers corps de troupes postés sur des

(*) Nous disous favorable pour les Autrichiens qui étaient à l'abri du mauvais tems dans les maisons d'Ulm.

hauteurs séparées par de profonds ravelins avoient à craindre les sorties d'une très-nombreuse garnison; c'est ce qui les obligoient de bivouaquer toutes les nuits et de se tenir continuelement en force sans pouvoir chercher du couvert et du repos dans les villages voisins. Un long blocus nous devenoit impossible; le général ennemi qui commandait dans la place ne l'ignorait point et paraissoit déterminé a s'y maintenir jusqu'à la dernière extremité; on en peut juger par la proclamation suivante qu'il fit publier dans la matinée du seize Octobre.

Proclamation du L. F. M. Baron de Mack.

„Au nom de S. M., je rends responsables sur leur honneur, leur devoir et leur propre bonheur, tous les généraux, officiers supérieurs et officiers *qui prononceraient encore le mot de reddition, et qui penseraient à autre chose qu'à la défense la plus opiniâtre:* défense qui ne pourra durer long-tems, vu que déjà, au bout de deux jours, les avant-gardes des deux grandes armées, savoir d'une armée impériale-royale, et d'une armée russe, paraîtront devant Ulm pour nous délivrer.

„L'armée ennemie est dans la situation la plus horrible, tant par le mauvais tems que par le manque de vivres. Il est impossible qu'elle puisse encore rester dans nos contrées au-de là de quelques jours. Elle ne peut tenter l'assaut qu'en petits détachemens, vu que par-tout nos fossés sont très-larges; rien n'est en conséquence plus facile que de tuer les assaillans, ou de les faire prisonniers.

„Si les vivres venaient à nous manquer, nous avons, pour nous nourrir, plus de trois mille chevaux. Moi-même je serai le premier à me nourrir de la chair de cheval, et j'espère que chacun fera volontier cause commune avec moi. J'espère la même chose des bons habitans de la ville, et je leur réitère l'assurance qu'ils seront dédommagés et récompensés de tout largement.“

Cette proclamation, que nous connumes presque aussitôt qu'elle fut publiée, pouvait nous faire croire que le général Mack vouloit imiter les beaux exemples qu'avoient donné Bender à Luxembourg; Wurmser à Mantoue (*); Montfront à Francfort (**); Faber à Ehrenbretsein; et le prince de Salm à Philisbourg (***): mais la première phrase de cette proclamation nous persuada que plusieurs des généraux et officiers supérieurs enfermés dans la place étoient plus disposés à se rendre qu'à manger des chevaux et même à faire quelques resistence.

(*) La garnison Autrichienne y soutint un blocus de huit mois en mangeant plusieurs milliers de chevaux.

(**) Le généralmajor Montfront laissé dans Francfort avec seulement trois bataillons Autrichiens et quelques pièces de campagne y soutint courageusement un bombardement qui mit le feu aux quatre coins de la ville et y réduisit une rue en cendre; et quoi qu'il fut aussi facile d'éscalader cette ville que celle de Ulm, ce général ne voulut jamais se rendre et obtint cinq à six jours de tems pour évacuer la ville avec toute sa garnison, armes, bagages, artillerie, munitions et magasins. Par cette courageuse resistance il assura la retraite de l'armée de Wartensleben, dont il fit l'arrière-garde depuis le Rhin jusqu'aux frontières de la Bohême.

(***) La ville de Philisbourg, demantelée par Louis XV, avait été refortifiée à la hâte et n'avait que quelques ouvrages en terre plus facile à escalader que ceux d'Ulm; sa garnison composée de contingents de l'Empire était commandée par le feu Prince de Salm; elle fut bloquée pendant dix sept jours et bombardée *cent et trente heures consecutives* par *deux cents et seize bouches à feu* en dixhuit batteries qui jetterent dans la place plus de *huit mille* bombes, grenades et boulets du plus gros calibre: la ville fut entièrement détruite, il n'y restait plus sur pied que quatorze maisons fortement endomagées au moment où nous fumes obligés d'en lever le siège. Toute la garnison, qui n'avoit point de casemates, avait restée constament sur les remparts pendant les six jours et les six nuits de ce terrible bombardement; et elle repoussa courageusement les divers attaques que nous fimes sur ses petits ouvrages avancés.

Dans la journée du seize, nous fimes faire sur la ville d'Ulm, le plus grand feu possible de notre artillerie.

Plusieurs maisons furent endomagées, le feu éclata dans quelques unes, mais fut promptement étint: dix habitans furent blessés et un soldat fut tué. Vers le soir, les pourparlers pour la reddition de la place commencerent et le feu cessa.

Napoleon I. ayant fait' appeller le Prince de Lichtenstein, général major enfermé dans Ulm, lui fit connoître qu'il désiroit que la place capitulât; lui disant que s'il la prenoit d'assaut, il seroit obligé de faire ce qu'il avoit fait à Jaffa, où la garnison fut passée au fil de l'épée; que c'étoit le triste droit de la guerre; qu'il vouloit qu'on lui épargnât à lui et à la brave nation autrichienne des excès aussi effrayants; que la place n'étoit point tenable, qu'elle devoit donc se rendre. Le Prince de Lichtenstein demanda que les officiers et soldats eussent la faculté de retourner en Autriche. C'est ce que nous ne pouvions accorder sans manquer le premier but de notre plan de campagne, et nous insistames à vouloir que tous les soldats et bas officiers fussent prisonniers et conduit en France. Dès lors il y eut plusieurs allés et venus de la ville à notre quartier général d'Elchingen. Pour eviter des lenteurs qui ne pouvoient que nous être excessivement nuisible, nous fimes faire un mouvement général à nos troupes qui, en présence des parlementaires, demanderent à grands cris qu'on les mainat à l'assaut feignant de vouloir s'y porter d'elle-même; et en effet, elles eussent préferez l'assaut le plus meurtrier au prolongement d'un tel blocus. Enfin le dixsept la capitulation fut signée; en voici le contenu.

CAPITULATION DE LA VILLE D'ULM.

Reponse du L. F. M. baron de Mack.

Article I. La forteresse d'Ulm sera remise à l'armée française avec tous ses magasins et toute son artillerie.

La moitie de l'artillerie de campagne restera aux troupes autrichiennes.

Refusé.

Art. II. La garnison sortira avec toutes les honneurs de la guerre, et déposera, après avoir défilé, ses armes. M. M. les officiers seront renvoyés sur leur parole d'honneur en Autriche; les soldats et bas-officiers seront conduits en France, où ils resteront jusqu' après avoir été échangés.

R. *Chaque individu de l' armée sera renvoyé en Allemagne, sous la condition, de ne servir contre la France avant d'avoir été échangé.*

Refusé.

Art. III. Tous les effets qui appartiennent aux officiers et soldats, leur seront laissés.

R. *Les caisses des régimens y compris.*

Accordé.

Art. IV. Les Autrichiens malades et blessés seront soignés, comme les Français malades et blessés.

R. *La loyauté et l' humanité des Français nous est connus.*

Art. V. Cependant, si le matin du trois brumaires, au 14, (25 Octobre 1805) il se montroit un corps d'armée en état de délivrer la ville d'Ulm, la garnison de cette place ne sera plus tenue à cette capitulation,

R. *Si le 25 Octobre jusqu'à minuit inclusivement de troupes autrichiennes ou russes venoient à débloquer la ville, quelque soit le point de la porte de la ville, où cela arrive, la garnison pourra*

mais elle sera libre de faire ce qu'elle jugera convenable.

sortir librement avec armes, artillerie et cavalerie, pour se réunir aux troupes qui l'auront débloquée.

Accordé.

Art. VI. Une des portes de la ville d'Ulm (celle de Stuttgardt) doit être remise (le 18 Octobre) à sept heures du matin à l'armée française, ainsi qu'un quartier assez spacieux pour recevoir une brigade.

R. *Consenti.*

Art. VII. L'armée française pourra se servir du grand pont du Danube, et pourra communiquer librement d'une rive à l'autre.

R. *Le pont est brûlé: on fera tout ce qui sera possible pour le retablir.*

Art. VIII. Le service sera disposé de manière qu'aucun désordre n'ait lieu et que tout soit en harmonie entre les deux armées.

R. *La discipline française et autrichienne nous en est garant.*

Art. IX. Tous les chevaux de cavalerie, d'artillerie et des charrois appartenant a sa M. l'Empereur d'Autriche, etc. seront remis à l'armée française.

Art. X. Les articles *I, II, III, IV* et *IX,* n'auront leurs effets, que quand M. le commandant des troupes autrichiennes le voudra, cependant pas plus tard, que le matin du trois brumaire (25 Octobre). Et s'il se présentait à cette époque une armée qui seroit assez forte pour débloquer Ulm, la garnison, conformement à l'article *V.* seroit libre de faire ce qu'elle jugeroit convenable.

Fait double à Ulm, le 25 Vendémiaire an 14 (17 Octobre 1805).

Signé. le Maréchal *Berthier.* le F. M. L. de *Mack.*

Conformement à l'article *VI,* nos troupes occuperent une des portes de la ville et la grand-garde conjointement avec les Autrichiens, dans la matinée du 18. Nous conumes alors la force de la garnison qui, independament de nombreux détachemens de divers corps suffissant pour garder la place, avoit quatre regimens d'infanterie et cinq bataillons de grenadiers prêts a se porter partout avec soixante pièces de campagne, si on la débloquoit. Nous vimes qu'une garnison aussi nombreuse obligeroit toute notre armée a rester encore sept jours autour de la place sans pouvoir affoiblir ni diminuer l'active surveillance des corps du blocus; sans quoi quelques uns des corps autrichiens qui existaient encore du côté de Pfullendorf, Wangen, Kempten, Bregenz, etc. outre ceux qui pouvoient venir du Tyrol, auroient suffit pour débloquer la place: ainsi notre situation devant Ulm allait être toujours excessivement penible et infiniment préjudiciable à nos opérations ultérieures.

Les russes arrivoient dans la Bavière, et faisaient leur jonction avec le corps de Kienmayer; si nous diférions encore huit jour de marcher à eux ils pouvoient être renforcés de nombreux corps envoyés de la Bohême et d'autres provinces autrichiennes.

Le dix neuf, *Napoleon I,* fit venir le général Mack à son quartier général d'Elchingen, et après lui avoir accordé une longue audience, il fut fait une Adition à la capitulation d'Ulm, de la teneur suivante.

„Le Maréchal Berthier, major général de l'armée française, autorisé par ordre exprès de l'Empereur des Français, donne sa parole d'honneur: 1) Que l'armée autrichienne (*) est aujourd'hui au délà de l'Inn, et que le Maréchal Bernadotte avec son corps d'armée est en position entre Munich et l'Inn.

2) Que M. le Maréchal Lannes avec son corps d'armée est à la poursuite du Prince Ferdinand et étoit hier à Aalen.

3) Que le prince Murat avec son corps d'armée étoit hier à Nördlingen; que les généraux Werneck, Hohenzollern, Baillet, et sept autres généraux ont capitulé avec leurs corps d'armée au village de Trochtelfigen.

4) Que le Maréchal Soult est entre Ulm et Bregenz (**) surveillant les routes du Tyrol; qu'il n'y a donc aucune possibilité à ce que Ulm soit secouru. — M. le lieutenant général, quartier-maître général Mack, portant croyance aux déclarations ci-dessus, est prêt à évacuer dans la journée de demain la ville d'Ulm, y mettant pour condition: Que le corps entier du Maréchal Ney, composé de douze régimens de troupes à cheval, ne quitteroit pas Ulm et un rayon de dix lieues jusqu'au vingt cinq Octobre, à minuit, époque où expire la capitulation.

M.M. Le Maréchal Berthier et le Baron de Mack, lieutenant général et quartier-maître général, conviennent des articles ci-dessus. En consé-

(*) C'est du corps de Kienmayer dont il est question.

(**) Le corps du Maréchal Soult s'étoit porté de Biberach par Laufheim sur le Bas-Iler.

quence, demain à trois heures après midi, l'armée autrichienne défilera devant S. M. l'Empereur des Français avec tous les honneurs de la guerre. Elle posera ses armes et des ordres de route seront donnés à M.M. les officiers qui conserverons leurs armes pour se rendre en Antriche par les deux routes de Kempten et de Bregenz pour le Tyrol. Fait double à Elchingen le dix neuf Octobre 1805.

Aussitôt que cette dernière convention fut signé, une partie de l'armée se mit en marche pour Augsburg. Le lendemain, vingt, le reste de notre armée qui étoit encore autour d'Ulm, et formant environ trente mille hommes, se mirent sous les armes vers midi, sur la rive gauche du Danube, ayant à leur tête le Maréchal Nay, la cavalerie et les grenadiers formerent deux lignes (*) sur la plaine etroite entre les remparts de la ville et le *Michelsberg:* les autres troupes occupèrent les hauteurs qui environnent la ville. Vers trois heures Napoléon I. arriva d'Elchingen avec une suite nombreuse d'officiers généraux et de gardes, et passa à cheval par les lignes de l'armée, au son d'une musique militaire, et aux acclamations des soldats.

A trois heures et demi, le corps d'armée autrichienne, renfermé dans Ulm, sortit par la porte (*H*) dite *Frauenthor.* La cavalerie ouvroit la marche; elle fut suivie de l'infanterie, dans laquelle on remarqua, outre plusieurs régimens entiers, des détachemens et des soldats de presque tous les corps de l'armée autrichienne; le régiment d'Uhlans de Schwarzenberg ferma la marche (**), qui se prolonga jusques dans la nuit. Les troupes autrichiennes défilerent, tambour battant et au son d'une musique militaire, le long du pied du Michelsberg, à travers l'armée française et furent saluées par chaque régiment. Arrivées (en K) sur la chaussée qui conduit à Soeflingen (L) et Blaubeuern, elles mirent bas les armes, et remirent leurs drapeaux, chevaux, etc.

(*) Voyez les exprimées sur le plan No. 78, par les lignes ponctuées *D, E, F et G.*
(**) Voyez la indiquée par la ligne ponctuée *I, K.*

aux officiers français chargés de les recevoir. Le désarmement ayant été terminé, chaque corps retourna par la *Porte-Neuve* dans la ville.

Cette garnison ou armée que nous fimes prisonniere de guerre é tait d'environ trente mille hommes, et composé de cinq bataillons de grénadiers, savoir, Hildbourghausen (cidevant Bender), Archiduc Charles, Manfredini, Colloredo et Stuart, desregimens d'Infanterie de Collowrath, Manfredini, Frölich, Archiduc Charles, un corps de chasseurs Tyroliens, et un détachement du regiment de l'Empereur.

La cavalerie consistait en une partie des regimens de Schwarzenberg, Hulans; Hohenlohe, dragons; Mack, cuirassiers; Hohenzollern cuirassiers; Archiduc François; un détachement de hussards de Blankenstein; et plusieurs ordonnances prés des géneraux des régimens de Latour, Rosenberg, Klenau et Duc Albert. Nous reçumes deux mille chevaux, quarante drapeaux et étendards, soixante pièces d'artilleries attelés ainsi que leurs caissons.

La ville d'Ulm renfermait seize généraux Autrichicus qui commandoient sa garnison et qui tous, se rendirent prisonniers avec elle; voici leurs noms. *Mack,* Quartiermaître général commandant en chef; *Erbach; Frenel; Giulay,* Quartiermaître général de l'Archiduc Ferdinand; *Gottesheim; Hermann; Kerpen; Klenau; Laudon; Prince de Lichtenstein; Richter; Riese; Sticker; Stipschitz; Ulm* et *Weidenfals.*

POURSUITE et PRISE

DE L'ARMÉE DE L'ARCHIDUC FERDINAND, DE SES CANONS ET DE SES BAGAGES, SE RETIRANT VERS LA BOHEME.

L'Archiduc Ferdinand, ayant laissé une partie de ses troupes dans Ulm, entreprit de se retirer en Bohéme avec l'élite de son armée, son artillerie, ses munitions de guerre et tous les bagages, qui furent mis en mouvement sur deux colonnes.

La première colonne consistant en un grand train d'artillerie de plusieurs centaines de pièces, de chariots de munitions et d'une enorme quantité de bagages avec dix mille hommes sous les ordres des généraux Rouvroi, Vogel, etc. était déjà à Heydenheim le 14. Octobre, et arriva à Aalen le 15; d'où elle diriga ensuite sa marche sur Nürnberg.

La seconde colonne consistant en plus de cinq cents chariots, canons, etc. et environ douze mille hommes, sous les ordres des généraux Werneck, Baillet, etc. était encore près d'Albeck le 15 au matin; cette colonne se dirigeoit sur Geingen, Neresheim et Nördlingen, pour gagner, ainsi que la première colonne, Egra par Nürnberg et Bayreuth.

Le quinze vers midi, *Napoléon I.* ordonna au Maréchal Lannes de se porter promptement avec dix mille hommes d'infanterie d'élite sur Heydenheim et Aalen à la poursuite de la première colonne; et fit poursuivre la seconde par le prince Murat avec six mille hommes de cavalerie choisie et quelque régimens d'infanterie légère. Le prince Murat atteignit le même jour dans la soirée, la queue de la colonne de Werneck entre Albeck et Nerenstetten à la hauteur de Langenau. Quoique l'ennemi fut dans un delabrement effroyable, la vue de nos troupes le mit promptement en bataille et dans une position à defendre vigoureusement son convoie qui, par la dégradation extrême des chemins, ne pouvoit avancer que très lentement. La nuit approchoit, le tems étoit horrible; nos chevaux marchant dans la bouë jausqu'au ventre étoient arrassez de fatigues et extenués par la faim; mais l'ardeur de nos soldats parut leur rendre de nouvelles forces physiques. Le vingtième regiment de dragons et les chasseurs de la gardes impériales se jeterent dans les terres submergées pour attaquer l'ennemi en flanc, tendis que le neuvième d'infanterie légère attaqua de front avec la plus grande audace: l'action fut sanglante, on combatit de part et d'autre avec le plus grand acharnement; mais l'ennemi finalement repoussé perdit cinq cents chevaux; deux mille cinq cents hommes, deux drapeaux et le général Odonel grièvement blessé. Le général Klein qui conduisit notre cavalerie mérita les plus grands éloges et l'aide de camp Brunet se distingua par sa bravoure. Les tenebres favoriserent la colonne ennemie qui fila toute la nuit.

La lendemain, seize, vers le soir le prince Murat atteignit encore la colonne de Werneck près d'Herbrechtingen; là s'engaga un second combat où les Autrichiens eurent beaucoup de monde tué; nous primes plusieurs canons dans la vallée de la Brentz.

Le dix-sept, a six heures du soir, le prince Murat arriva devant Neresheim et attaqua la colonne de Werneck pour la troisième fois; le général Klein avec quatre régimens de dragons charga la cavalerie ennemie qui fut culbutée. Les Autrichiens perdirent dans ce combat le general *Sinzendorf*, environ mille hommes et deux drapeaux.

Le lendemain, dix huit, nos troupes atteignirent aussi un convoie avec une forte escorte dans les environs de Thanhausen et l'attaquerent brusquement; après quelques resistences, trois bataillons ennemis, entièrement coupés, mirent bas les armes et se rendirent prisonniers avec huit pièces de canons; le reste gagna Feuchtwang. Le Prince Murat, qui avoit marché par le flanc droit de la colonne ennemie avec la plus étonnante rapidité, étoit arrivé, les dix huit à cinq heures du matin, à Nördlingen et avoit, par cette habile manoeuvre, cerné la dite colonne. Le général Werneck se voyant envelopé fit renger sa troupe en bataille; mais n'appercevant aucun moyen de vaincre avec des troupes excedées de fatique et d'inanition, ni de pouvoir les sauver, envoya un parlementaire au Prince pour demander à capituler.

Le Prince Murat ayant envoyé pour cet effet le général de division Belliard, chef de son état major, à Trochtelfingen: il y fut conclu entre lui et le général Werneck une capitulation dont voici la substance. 1) Le corps d'armé aux ordres du général Werneck deposera les armes, sera prisonnier de guerre et envoyé en France. 2) Messieurs les officiers - généraux et les officiers particuliers seront prisonniers de guerre sur parole, et renvoyés en Autriche; il ne pouront servir contre les armées françaiscs ni contre celles de leurs alliés qu'après avoir été échangés. 3) Les chevaux de la cavalerie, les canons avec leurs attelages, ainsi que les caissons et munitions seront rémis à l'armée française. 4) Tous les régimens, bataillons, escadrons et détachemens, qui se trouvent séparés du corps d'armée de M. le Lieutenant géneral Werneck, déposeront aussi les armes, seront prisonniers de guerre, et les articles 2, 3 et 5, leur seront applicables. 5) Tous les chevaux et les équipages appartenant à M. M. les officiers generaux et aux officiers particuliers, leur seront laissés. 6) Tous les prisonniers de guerre françois qui sont à Trochtelfingen ou dans d'autres endroits occupés par des troupes du corps d' armée de M. le L. G. Werneck, seront rendus sur le champ.

Fait à Trochtelfingén le 18. Octobre 1804. — *Signé.* Werneck. Belliard.

Cette capitulation nous procura environ huit mille prisonniers dont près de deux mille hommes de cavalerie qui mirent pied à terre: une brigade de nos dragons à pied fut monté avec leurs chevaux. Parmi les officiers prisonniers se trouvoit huit généraux, savoir, L. G. Werneck, Baillet, Hohenzollern et les G. M. Vogel, Meczeri, Hohenfeld, Weber et Dienersberg.

Dans le même tems que Werneck capituloit et nous livroit, avec huit mille hommes, une immense quantité d'artillerie et de munition de guerre, le général de brigade Fauconnet, qui s'étoit porté sur Bopfingen avec le treizième et le quatorzième regimens de chasseurs à cheval y trouva les grands bagages de l'armée ennemie embourbés, ercortés par deux escadrons de dragons du regiment de Hohenlohe, et quelques hussards, sous les ordres du Major Locatelli; celui - ci ayant demandé à capituler, les deux commandans dresserent la capitulation suivante.

Article I. Tous les bagages, hussards et chevaux légers qui composent le detachement chargé de l'escorte de l'artillerie et des bagages de l'armée autrichienne, sont prisonniers de guerre et seront conduit en France; ils mettront les armes bas et livreront leurs chevaux.

Art. II. M. M. les officiers conserveront les chevaux qu'ils montoient au moment où le corps a été pris; ils auront les droit de conserver un valet a leur service, et il ne sera pas touché à leur equipage. Les soldats conserveront leurs effets *(Accordé un valet pour le Major, un pour chaque capitaine et un pour deux lieutenants, ou souslieutenants)*

Art. III. Tous les petits corps d'infanterie et d'artillerie, également tournés par les troupes françaises et joint de plus près par la cavalerie de M. le G. Fauconnet, sont prisonniers de guerre, livreront les canons, fourgons, caissons et armes, et M.M. les officiers jouirons des mêmes avantages que ceux accordés aux officiers de cavalerie *(Accordé)*

Art. IV. M.M. les officiers de cavalerie, artillerie et d'infanterie fait prisonniers et compris dans la presente capitulation pourrons se retirer dans leurs foyers, en donnant leur parole d'honneur par écrit de ne point servir, avant d'avoir étés échangé, ou jusqu'à la paix, si l'échange ne pouvoit avoir lieu. *(S. A. S. le Prince Murat est supplié d'accorder cette condition qui est soumise à son approbation.)* Fait au quartier général à Bopfingen, le 18. Octobre 1805. *Signé* Locatelli, major du régiment de Hohenlohe. Le général de brigade Fauconnet.

L'Archiduc Ferdinand qui était parti dans la nuit du seize au dix sept d'Aalen, dirigeant sa marche par Wassertruding (où il arriva le dix huit) sur Gunzenhausen où il étoit le dixneuf, ramassa les debris des colonnes, qui formèrent encore un corps de quelques mille hommes la plupart de cavalerie, avec plus de cinquante canons et une grande quantité de bagages; continua sa retraite par Schwabach sur Nürnberg où il arriva le vingt à dix heures du matin. Cette troupe qui avoit encore avec elle près de cinq cents charriots, caissons et canons, employa quatre heures de tems à defiler sous les murs de cette ville. A peine les Autrichiens était-ils passés que le Pr. Murat, qui les poursuivoit avec cinq mille hommes de cavalerie, arriva à la tête des quatre premiers regimens ; ramassa quelques trainards dans les fauxbourgs et sans s'arreter poursuivit l'ennemi avec la plus grande célérité.

Le vingt un, toute notre cavalerie attaqua l'ennemi entre Heroldsberg et Eschenau, le combat fut des plus acharnés; les chasseurs à cheval de la garde impériale chargerent les cuirassiers du régiment de Mack et le culbutérent; les deux regimens de carabiniers et le premier de hussards se distingerent par la célerité de leurs manoeuvres et l'intrépidité de leurs charges. L'ennemi constament repoussé profita des tenebres de la nuit pour gagner les montagne en nous abandonnant vingt trois pièces de canons, quelques chariots et une grande quantité de blessés, qui furent deposés dans le lazaret de Nürnberg. Le général Klein, voyant que l'ennemi avait gagné les gorges des montagnes au délà de Gräfenberg dût suspendre toute poursuite ultérieure et reconduire toute la cavalerie à Nürnberg où elle arriva le 22, elle campa, sejourna le 23, puis se porta vers le Danube par le Haut-Palatinat. L'Archiduc Ferdinand arriva à Egra, le 23, avec quelques canons et quelques escadrons: pitoiable debris des vingt deux mille hommes d'élite et d'une immensité de bagages et d'artillerie.

RESULTAT

DU PREMIER MOIS DE CAMPAGNE.

Il n'y avait pas encore quatre semaines que nos armées avoient passées le Rhin, et déja le premier, le plus grand but de notre plan de camapgne étoit attint: nous avions delivré la Souabe, la Franconie et la Bavière des Autrichiens qui s'y étoient accumulés: nous avions rétabli notre allié dans ses états: l'armée ennemie qui s'élevait à près de cent mille hommes pouvoit être considerée comme anéantie; plus de quinze mille étoient tués ou hors de combat; cinq mille, au moins, étoient dispersés, errants dans les bois et les montagnes, et plus de cinquante mille étoient envoiés prisonniers en France; huit à dix mille retirés vers le Vorarlberg etoient poursuivis, près d'être cernés et pris; de toute cette armée, enfin, dix mille hommes au plus du corps de Kienmayer avoient pût regagner l'Autriche et environ deux mille avoient attint la Bohéme avec l'Archiduc Ferdinand. Deux cents pièces de canons, plus de mille chariots de bagages et de munitions, tous les magasins, et environ quatre vingt drapeaux étoient entre nos mains. Trente généraux et plus de deux mille officiers prisonniers étoient *très-politiquement* renvoyez dans leurs foyers; et pour obtenir d'aussi immenses succés, grâces aux mauvaises combinaisons, à l'engourdissement et au peu d'énergie de l'ennemi, il ne nous a falu qu'une marche, quelques petits combats, deux sommations et pas une bataille: il ne nous en a pas couté trois mille hommes hors de combats, en tués ou blessés.

REMARQUES.

La conquête de l'Europe entière serait pour nous une operation prompte et facile si nos ennemis se conduisoient toujours aussi mal qu'ils l'ont fait dans cette dernière campagne; mais loin de l'esperer craignons plutôt que profitant des terribles leçons que nous venons de donner à tous les Princes de l'Europe, ils ne portent enfin la plus serieuse attention sur les moyens de perfectionner leur état militaire. Ne nous enorgueillissons point da nos succés; reflechissons plutôt sur les enormes fautes, qui commises par les ennemis, nous les ont procurés, afin que n'en commettant point de semblables un jour, nous ne soyons à nôtre tour couvert de honte et d'opprobre.

La disposition générale des armées autrichiennes en Allemagne a été si evidament mauvaise, que nous croyons absolument inutile d'en parler ici, d'autant moins que ces sortes de dispositions préliminaires étant toujours le fruit du conseil suprême de l'Etat, nous ne pouvons imaginer que celui de la France soit jamais assez inepte pour en adopter de semblables. Nous ne nous arreterons donc qu'aux fautes secondaires qui ont fortement contribuées à la destruction de la seconde armée de l'Univers, à l'invasion et à la ruine d'une des plus formidables monarchies.

Nous avons déjà fait remarquer la faute que commirent les généraux autrichiens en laissant passer inpunement sous leurs yeux nos longues et minces colonnes qui filoient sur leur flanc et se portoient sur leur derrière, n'ayant pas même tentez de les inqietter dans leur marche: la faute plus grande encore qu'ils commirent en ne rasssemblant point promptement toutes leurs forces pour se porter en grande hâte à Augsbourg, Munich ou Landsberg.

Nous remarquerons ici que le général en chef Mack, renfermé dans Ulm, commit une faute grossière en faisant connoître publiquement, par sa proclamation du 16. Octobre, les mauvaises dispositions de ses *officiers généraux, superieures, qui prononçoient le mot de redition et pensoient à autre choses qu' à la defense la plus opiniatre:* c' est ce qui nous fit connoître qu' il ne nous faloit qu' un peu de patience et une demonstration de vigueur pour faire promptement capituler une garnison commandée par des gens dénués de courage, et qu' il nous serait facile de la soumettre aux conditions les plus dures, les plus humiliantes et les plus funestes pour elle, pour son souverain, et pour sa mere-patrie. Lors qu' un chef a le malheur d' avoir de tels subalternes, c' est en secret qu' il doit les exorter à faire leur devoir; il doit se debarasser des lâches obstinés, soit en les sequestrant ou en les expulsant de la place; et dans le cas même où toute sa garnison ne seroit composée que de tremblans poltrons, il doit faire tout son possible pour persuader au public et à l' ennemi que ce sont des héros determines à la plus vigoureuse resistence, et meme à perir jusqu' au dernier et à s' ensevelir sous les débris et les cendres de la ville plutôt que de la rendre.

Une autre faute inpardonable et que rien ne peut pallir, est d' avoir consenti, le dix neuf, à évacuer Ulm le vingt, tendis que la capitulation accordoit à la garnison jusqu' au vingt cinq pour en sortir. Cinq à six jours de plus ne pouvoient être bien pénibles pour les Autrichiens, qui, n' ayant plus ni attaques, assauts, fusillades, ni bombardement à craindre, pouvoit passer tout ce tems à couvert dans de bonnes maisons, à l' abri de la pluie, couchés dans de bons lits et assis à de bonnes tables (*), jouissant des douceurs d' aimables societés, pouvant donner bals, concerts, et même la come-

*) Au pis aller ils avoient deux milles chevaux à manger, qu' il eût été plus sage, de leur part, de tuer que de nous les livrer, et les caves d' Ulm contenoient une assez grande quantité de bon vin pour satisfaire largement les besoins de la garson et l'empecher de succomber d'inanition. (*Voyez à la page 79 du premier tome, l'etat de la garnison de Genès toujours ménacée d' un assaut général; elle etoit si extenuée que toutes les sentinelles etoient continuellement assis*).

die; tendis que pendant tout ce temps notre armée, toute entière, auroiet dû continuer a se morfondre au plus horrible des blocus; qu'elle eut dû peut-être, abandonner; c'est ce qui pouvoit sauver l'armée et la monarchie autrichienne (*).

Une autre grande faute encore est celle qu'on fit commetre à l'Archiduc Ferdinand, par l'extravagente entreprise d'enmener en Bohême, en presence de troupes aussi actives que le nôtres, plus de quinze cents chariots de bagages, canons et caissons, en traversant des pays déjà fouragés; par des chemins effroyablement dagradés et dans un tems des pluies excessives et continuelles.

Il nous paroit que l'Archiduc eût bien fait de faire brûler tous les bagages avec leurs chariots, de jetter dans la rivière les canons les plus lourds et les plus défectueux, d'en briser les affuts et de n'enmener avec son armée que l'artillerie la plus légère, les munitions les plus essentielles et d'en doubler et même tripler les attelages avec les chevaux des chariots brulés; son convoie se seroit alors tiré lestement des plus mauvais pas; ses troupes n'eussent point étés chaque jours arrêtées et obligées de combattre; ses vingt deux mille hommes eussent pût attindre la Bohéme avec leur artillerie. *Vouloir tout sauver, est souvent le moyen infallible de tout perdre.*

Nous ferons encore remarquer ici, que d'Ulm à Egra il y a environ cènt et cinquante mille pas géometriques; que la colonne de Werneck n'en a pû faire que trente, et qu'il est très-surprenant qu'elle en ait pû faire autant en quatre jours, vu la degradation extreme de chemins, le tems horrible, le manque de fourage et de subsistance, l'embaras d'un convoi nombreux em-

(*) Le dixneuf, à l'instant où la sortie de la garnison fut consentie par Mack pour le vingt, nous fimes partir la plus grande partie de nôtre armée de blocus pour la Bavière, c'est ce qui avança de six jours son arrivée en Autriche.

bourbé a chaque instant et arreté chaque jour par des combats qu'elle soutint avec fermeté et courage. Le devouement des dix généraux ennemis, qui commandoient cette colonne, nous paroit aussi digne de remarque, puisque chargés d'une opération épineeuse et même extravagante, ils donnerent constament à leur troupe l'exemple de la soumission aux ordres supérieurs: ils ne l'abandonnerent jamais, sauverent une partie du convoie et prefererent à une fuite qu'il leur étoit personnellement facile, une rédition humiliante qui sauvait la vie à huit mille braves soldats digne d'un meilleur sort. L'équité, l'intéret même de nos armées nous oblige à rélever le mérite ainsi que les fautes de nos ennemis, le premier digne d'imitation, les autres pour être soignesement evités.

Nous terminerons ces remarques en reportant l'attention du lecteur sur la troupe du Prince Murat. Les routes étoient infiniment plus pènible pour elle que pour l'ennemi, puisque le passage de son artillerie et de ses inombrables chariots les avoient complettement détruites. Le manque de fourage et de subsistence étoit absolu pour elle; car le nombre excessif d'hommes et de chevaux qu'elle poursuivoit devoroient tout et ne laissoit rien dèrriere eux. Sa marche étoit arreté à chaque instant par les obstacles et les débris qui encombroit les routes, et les combats qu'elle devoit livrer; à chaque instant nos troupes devoient se jetter dans des terrains presque inpraticable. Nos chevaux étoient infiniment plus fatigués que ceux de l'ennemi qui n'etoient en mouvement que dépuis quáques jours tandis que les nôtres l'etoient depuis deux mois, et dans uneactivité et une privation inexprimable depuis quatre semaines. Malgré cet état de détresse, nos cinq à six mille hommes de cavalerie qui étoient encore à Nördlingen le dix huit, àprès midi, se trouverent le vingt entre deux et trois heures à Nürnberg *ayant fait près de cinquante mille pas géometrique en deux jours*, et poursuivirent encore l'ennemi dix mille au délà, lui livrerent un combat sanglant et lui prirent encore vingt trois pièces de canons.

Le Prince Murat, toujours à la tête de sa troupe, resta dans cette occasion trente heures consecutives à cheval, faisant tout à la fois les fonctions du général et du soldat.

SUITE DES OPERATIONS
DES
ARMÉES FRANÇAISES.

Depuis le douze Octobre, les corps d'armées des Marechaux *Davoust* et *Bernadotte* ainsi que l'armée *Bavaroise* étoient à *Munich* et dans les environs obligés de se borner à des reconnoissances en poussant quelques détachemens vers *Landshut*, *Haag*, *Wasserburg* et *Benedictbeurn*. Un de ces detachemens du corps de Bernadotte se portant vers l'Inn, le quinze, fit quatre à cinq cents prisonniers à l'ennemi et lui enleva un parc de dix sept pièces d'artillerie de divers calibre.

On n'avoit aucune nouvelle de l'armée de Massena en Italie, l'Archiduc Charles, ayant des forces supérieures pouvoit le battre et envoyer de suite une partie de son armée en Allemagne avec toutes les troupes et les milices du Tyrol. Les rapports venant de l'Autriche apprenoient que le corps de dix mille hommes du général Kienmayer avoit été renforcé le seize par huit regimens et que la première armée Russe forte de trente sept mille hommes étoit arrivée, et allait entrer dans la Bavière où l'ennemi, si on lui en laissait le tems, pouvoit envoyer des forces considerables avant que toutes les notre y fussent reunies. Heureusement que la rédition prompte et l'évacuation encore plus prompte d'Ulm nous mis à même de prevenir un tel embaras. Dès le dix neuf, nos troupes commencerent à se porter d'Ulm vers Munich. *Napoléon I.* arriva à Augsbourg le vingt quatre; les divers corps de la grande armée ne tarderent pas à y être reunis. Le Prince Murat, avec sa cavalerie, arriva le vingt six à Neustadt sur le Danube et se porta de suite sur l'Iser et vers l'Inn. Le même jour, vingt six, tous les corps se mirent en mouvement pour entrer en Autriche et marcher sur Vienne. *Napoléon I.* fit defiler devant lui à Munich le corps d'armée du Maréchal Soult qui marcha sur Haag, où il bivouaca. Le corps de Bernadotte parti le 26 de Munich, arriva le lendemain, 27, à Wasserbourg. Six piliers du pont de Wasserbourg avoient été brûlés par l'ennemi. Le comte Minuccei, Colonel Bavarois, s'étoit rendu de Roth à Rosenheim; le pont étoit également brûlé sur ce point, et l'ennemi se tenoit sur l'autre rive. Après une vive canonnade l'ennemi a abandonné la rive droite de l'Inn. Le vingt huit, vers midi, les deux ponts étoient rétablis: les colonels du génie, Mario et Somis, avoient déployé la plus grande activité dans le rétablissement de ces ponts. L'ennemi fut vivement poursuivi aussitot qu'on pût passer l'Inn et l'on fit une cinquentaine de prisonniers sur son arrière garde. Le corps de Bernadotte arriva le 28, au soir, à Altenmarkt.

Le Maréchal Davoust partit aussi le vingt six de Freising, avec son corps d'armée, et se trouva le 27 à Mühldorf. L'ennemi défendit la rive droite de l'Inn, où il avoit établis des batteries avantageusement situées. Le pont avoit été détruit d'une manière qu'on ne pu le retablir qu'avec beaucoup de peine. Le vingt huit, à midi, une grande partie du corps d'armée du Maréchal Davoust avoit passé ce pont. Le Prince Murat fit passer une brigade de cavalerie par le pont de Mühldorf: il fit aussi rétablir les ponts d'Otting et de Maerkl qui servirent de passage à une partie de la reserve.

Les Russes étoient arrivés à Alt-Otting le vingt deux. Dans la nuit du 23 ils se porterent de là sur Maerkl et Braunau. Le vingt quatre et le 25 toutes les troupes russes se retirerent vers l'Autriche; ce fut le 26 que leur arriere-garde, composée du regiment du hussards de Baur commandée par le Prince Pangration, rompit le pont qui conduit de Alten-Otting à Neu-Otting.

Le 25, a 5 heures du matin, le château d'Oberhause prés de Passau avoit été emporté d'assaut par les Autrichiens.

POSITIONS DES ARMÉES FRANÇAISES

LE 28. OCTOBRE.

Le corps du Maréchal Ney, qui etoit parti des environs d'Ulm le 26 étoit le 28 à Landsberg. Le corps du Maréchal Soult étoit à Haag: celui du Maréchal Bernadotte à Altenmarkt. Le corps du Maréchal Davoust étoit près de l'Alza, sur la route d'Otting à Burghausen. Le Prince Murat, avec sa cavalerie, étoit à Maerkl. Le corps d'armée du Général Marmont étoit à Vilsbiburg, sur la Vils entre Otting et Landshut. Le corps d'armée du Marchal Lannes étoit à Landshut.

Le depot général de nos armées étoit établi à Augsbourg. Nous avions fait construire des têtes à tous les ponts du Lech et on travailloit à fortifier Ingolstadt, ou il y avoit une garnison Bavaroise. NAPOLÉON I. étoit à Haag.

INVASION DE L'AUTRICHE ET DU TYROL.

Dans la journée du vingt neuf Octobre, le p. Murat parti de Maerkl, attaqua l'ennemi et l'obliga à repasser l'Inn. Le même jour, le Maréchal Lannes arriva de Landshut avec la cavalerie légère au pont de Braunau, ce pont étoit coupé; le Maréchal Lannes fit sur le champ embarquer sur deux bateaux une soixantaine d'hommes, qui, arrivés à la rive opposée, trouverent la ville abandonnée par les Autrichiens. Le pont fut rétabli et nos troupes prirent possession de Braunau, qui est une ville fortifiée ayant une enceinte bastionné, avec pont-levis, demi-lune et fossés plein d'eau. Nous y tronvames sur les remparts quarante cinq pièces de canons, avec doubles affût de recharge, euviron quarante mille boulets et obus, mil quintaux de poudre, environ mil fusils, une grande quantité de cartouches, mil sacs de farine et quarante mille rations de pain prêtes à être distribuées, et qui le furent au corps d'armée du Maréchal Soult. Napoléon I. nomma le général Lauriston, qui arrivoit de Cadix, gouverneur de Braunau, cette ville devint le second dépot général de nos armées.

COMBATS

DE MEHRBUCH, DE HAAG ET D'AFLANG.

LE 30 ET 31 OCTOBRE.

PLANCHE XIX. *No.* 79, 80, 81 *et* 82.

Nos troupes ayant aussi passé l'Inn à Burghausen, au moyens des pontons l'ennemi fut repoussé sur tous les points et il chercha à se replier vers la Traun; mais le Prince Murat qui le poursuivoit vivement atteignit son arriere garde en A (*Voyez la petite carte No.* 79), sur la route de Mehrbuch; elle étoit forte de cinq à six mille hommes (*Voyez - la rengée en bataille de E en F, plan Numero* 80). Le Prince Murat fit charger la cavalerie de la droite de l'ennemi par le régiment de dragons A, tendis que l'autre régiment B manoeuvroit hors de la porté du mousquet de l'infanterie ennemie épiant le moment où elle tenteroit de faire quelques mouvemens pour la charger en flanc; c'est de quoi se douterent les commendants ennemis qu'ils n'oserent entreprendre aucune manoeuvre contre nôtre cavalerie qui chargeoit leurs aîles, et se contenterent de canonner nôtre regiment posté en *B*. Dans ces entré - faites les deux régimens de dragons *C, D*, ayant attaqués la cavalerie de la gauche de l'ennemi, la culbuterent, et la poursuivant l'épée dans les reins la disperserent sur les hauteurs voisines; c'est ce qui obliga l'infanterie ennemie à se retirer promptement vers Haag. La cavalerie ennemie que nous avions culbuté et dispersée s'étant rassemblée, voulut proteger le passage de son infanterie à travers un défilé qu'elle devoit passer en *B* (*Voyez la carte No.* 79, *et le plan No.* 81) pour gagner Haag, mais le premier regiment des chasseurs à cheval (*A*) et les dragons du général Beaumont (*B*) la culbuterent et penetrèrent dans le défilé avec l'infanterie ennemie. Celle-ci se jetta, en grande partie, dans le bois d'où elle dirigea une longue et vive fusillade sur nôtre cavalerie qui dût suspendre sa poursuite a cause des tenebres de la nuit; l'ennemi en profita pour gagner Haag et continuer sa retraite vers Lambach. Nous fimes environs cinq cents prisonniers dans ces deux combats où le huitième régiment de dragons et le deuxième de chasseurs se sont particulièrement distingués. Le corps du Maréchal Davoust joignit, le même soir, la cavalerie du Prince Murat et pris position entre Ried et Haag.

Le lendemain, trente un Octobre, le Prince Murat continua sa marche vers Lambach et rencontra l'ennemi près d'Aflang (*Voyez le plan No.* 82); ce corps de troupes, commandé par le général Schusteck, étoit composé de six bataillons d'infanterie autrichienne, deux bataillons d'infanterie russe, du régiment de dragons de l'Archiduc Jean et du régiment de husards de l'Empereur. Le Prince Murat fit avancer le trentième régiment d'infanterie de ligne avec l'artillerie légère qui fut placée en *A* et *B*. Tendis que nos pièces placés en *A* battoient la droite de l'ennemi en echarpe, les pièces placés en *B* foudroyoient le bataillon ennemi *C* pour l'empecher de se porter sur le flanc du dixseptième régiment d'infanterie de ligne qui attaquoit la gauche de l'infanterie ennemie où étoit posté les deux bataillons russes. Dans le même tems le premier regiment de chasseurs à cheval charga les husards de l'Empereur, et les fit plier; l'infanterie russe fut aussi repoussé par le dixseptième; mais deux nouveaux bataillons étant survenus ce regiment dû se remplier pour n'ére point envelopé; alors le trentième se porta au pas de charge sur la droite de l'ennemi, ebranlée par le feu de notre artillerie, et le huitième de dragons se porta au galop sur le régiment de l'Archiduc Jean qu'il charga avec impetuosité;. le combat devint alors général et sanglant; il y eut plusieurs charges à la baionette et l'ennemi fut finalement culbuté sur tous les points de la ligne, et chassé jusqu'à la Traun. L'ennemi eut plusieurs centaines d'hommes de tués au nombre desquels étoit le colonel des husards de l'Empereur; le commandant des Russes fut grievement blessé et nous fimes plus de quatre cents prisonniers: deux pièces de canons russes tomberent dans nos mains. La saison était devenu rigoureuse, la terre étoit couverte d'un pied de neige, le froid étoit vif et nos troupes excessivement fatigués des marches continuelles par des chemins horriblement dégradés, on les fit bivouaquer sur les hauteurs de Lambach.

Le trente un Octobre, le général Walter, que le Prince Murat avoit detaché avec quatre régimens de cavalerie, s'empara de Wels, où s'étoit retiré les quatre bataillons russes, que nous avions battus la veille près d'Aflang. Le même jour, quatre régimens de dragons sous les ordres du général Beaumont et quatre régiment d'infanterie commandés par le général Bisson s'emparerent de Lambach; le régimens d'infanterie autrichienne de Giulay et celui de dragons de l'Archiduc Jean placé en *D* (*Voyez la petite carte No.* 79), sur la rive droite de la Traun, dont ils avoient coupé le pont, voulurent defendre le passage de cette rivière. Le Marechal Davoust ordonna au général

Bisson de jetter un pont de bateaux sur la rivière pour la passer; ce général faisant en consequence ses dispositions de passage reçu une balle dans le bras: le colonel Walerne du trentième régiment se jetta alors un des premiers dans un bateau et passa la rivière: dès que nos troupes eurent atteint la rive opposée, l'ennemi fut debusqué et nous en restames les maîtres. Le Maréchal Soult arriva avec son corps d'armée le trente un la soir à Wels: où étoit déjà le général Walter avec sa division de dragons. Le premier Novembre, le général Milhaud, avec la reserve de cavalerie du Prince Murat, entra à Lintz où il trouva beaucoup de malades ennemis et des magasins considerables. Le Maréchal Lannes y arriva le lendemain, 2, avec ses divisions.

Le Prince Murat, le Maréchal Davoust et le général Marmont étoient, avec leurs corps d'armées, à Lambach le premier de Novembre: voici qu'elle étoit, le même jour, la position des corps autrichiens qui nous étoient opposés sur la ligne entre la Traun et l'Ens. La division du Prince de Hohenlohe se trouvoit à Steyer: celle du général major de Mondes étoit à Kremsmunster: les avant-postes du général major de Nostiz étoient sur la Traun entre Wels et Ebersberg: ceux du général major de Schusteck (dont la division formait le corps d'arrière-garde que nous battimes et repoussames le 30 et 31 Octobre depuis Mehrbuch jusqu'à Lambach) étoient entre Wels et Traunfall, et ceux du colonel Mesko entre Traunfall et Traunsee, sur notre droite.

Le trois Novembre, nos divisions se porterent en avant; le Maréchal Davoust, qui étoit posté en avant de Lambach, marcha sur Steyer où il fit deux cents prisonniers. Le général Marmont parti le même jour à midi de Lambach se dirigeant sur Weyer. Le Prince Murat, avec sa cavalerie, se porta aussi en avant: l'ennemi avoit laissé à Ebersberg trois à quatre cents hommes pour defendre le passage de la Traun; mais les dragons du général Walter se jettèrent dans des bateaux et attaquèrent, sous la protection de notre artillerie légère, la position d'Ebersberg. La division du général Walter se porta avec rapidité vers l'Ens; la brigade du général Millot rencontra l'ennemi près du village de Kasten, le poursuivit jusqu'à l'Ens et fit quelques centaines de prisonniers; l'arrière-garde autrichienne soutenue par la cavalerie russe, fut culbuté de tous côtés; vingt husards russes resterent sur le champ de bataille.

COMBAT D'AMSTETTIN

LE 5 NOVEMBRE.

PLANCHE XIX. *No.* 83.

Le Prince Murat ayant pris la ville d'Ens et passé la rivière de ce nom, poursuivit l'ennemi et trouva son arrière-garde, entiérement composée de troupes russes, rangée en bataille prés d'Amstettin sur la route de Kemelbach (*Voyez le plan No.* 83): sa position étoit superbe; le Prince Murat fit attaquer l'infanterie ennemie par les grénadiers du général Oudinot qui se porterent en *A* et *B;* le combat fut très-opiniatre, il y eut plusieurs charges à la baïonette; mais definitivement nos grenadiers repousserent l'infanterie russe et s'emparerent des hauteurs. Dans le même tems le neuvième et le dixième regimens de hussards attaquerent la cavalerie russe et la jetterent en desordre dans le défilé. L'ennemi cubulté sur tous les points se retira avec précipitation en laissant plus de deux cents morts sur le champ de bataille et plus de mil prisonniers entre nos mains. L'ennemi en se retirant avoit rompu les ponts de l'Ips, nous les fimes retablir de suite.

Napoléon I. étoit à Lintz depuis quelques jours lorsqu'il y reçut le six le comte de Giulay, chargé d'une mission de la part de l'Empereur d'Allemagne son maître. Par un ordre du jour, daté de cette ville du 7 Novembre, la route de France à l'armée marchant sur Vienne fut ordonnée par Bruchsal, Eppingen, Heilbron, Oeringen, Hall, Elwangen, Donauwerth, Meiltingen, Augsbourg, Schwabhausen, Freisingen, Landshut, Wilsbibourg, Eggenfelden, Braunau, Ried, Lambach et Linz.

Le quartier général du Prince Murat fut établit le sept Novembre à l'abbaye de Moelk. Le général Marmont entra le sept à Weyer sur la route de Steyer à Leoben; il y fit quatre cents prisonniers. Le même jour nos divisions s'étendoient en Autriche sur la droite de Steyer vers Wildhofen, Mariazelle et Lilienfeld sur la Trasen. Le huit, l'avant-garde du Maréchal Davoust, qui se trouvoit encore éloignée de quelques lieues de Mariazell, rencontra le corps d'armée du général Meerveldt, qui se portoit en hâte sur Neustadt, pour couvrir Vienne de ce côté-là. Le général Hendelet commandant notre avant-garde attaqua l'ennemi avec la plus grande vivacité, le mit en desordre et le poursuivit pendant cinq heures consecutives. Le resultat de ce combat fut la prise de trois drapeaux, de seixe canons et environ trois mille hommes que nous fimes prisonniers, parmi lesquels se trouva les colonels des regimens de Joseph Colloredo et de Teutschmeister, ainsi que cinq majors.

Napoléon I. avoit son quartier général à l'abbaye de Moelk, le huit Novembre. Nous trouvames dans les caves de cette superbe abbaye une très-grande quantité des meilleurs vins de Hongrie, qui furent d'une grande ressource pour l'armée qui en avoit été privée depuis long-tems.

Le neuf Novembre, le Prince Murat arriva avec sa cavalerie à St. Poelten dans la matinée: il envoya de suite le général Sebastiani vers Vienne avec deux régimens de dragons.

COMBAT DE DURNSTEIN

LE II NOVEMBRE.

PLANCHE XIX. *Nos.* 84, 85 *et* 86.

Le général Mortier, qui avoit passé le Danube à Linz, suivoit la rive gauche de ce fleuve; le onze Novembre à la pointe du jour il se trouvoit au de la de Stein avec deux regimens d'infanterie légére, quatre regimens d'infanterie de ligne et un régiment de husards (*Voyez le plan No.* 84). La téte de sa colonne apperçut tout à coup trois bataillons d'infanterie ennemie, avantageusement posté en *H,* avec de l'artillerie en position. Le général Mortier donna aussitôt ordre d'attaquer l'ennemi; aux premiers coups de feu d'autres bataillons ennemis parurent sur les hauteurs *I, P;* à cette vue nos troupes redoublerent d'ardeur se précipiterent à la baionette sur l'ennemi, le chasserent des deux villages et le repousserent au loin jusqu'en *M,* sur la hautéur. Six canons, plusieurs drapeaux et plus de sept prisonniers étoient en notre pouvoir, le champ de bataille étoit couvert de cadavre, nos troupes croyoient le combat finis, le reste de la colonne, dont la téte seule avoit combattue alloit s'ébranler pour poursuivre sa marche, lorsque tout à coup elle fut attaqué en flanc et en queu, par de nombreuses colonnes qui descendirent des montagnes par les défilés *L, L,* et *K, K,* qu'on regardoit comme inpraticables (*Voyez le plan No.* 85). Ces troupes ennemies se jetterent avec férocité sur nos bataillons, qui, attaqués à l'improviste dans une vallée étroite ou ils ne pouvoient manoeuvrer, furent coupés les uns des autres, quelques uns enfoncés, et mis tous dans un desordre affreux. Le colonel Wallier du quatrième régiment de dragons (*D*), qui avoit fait faire volte-face à ses quatre escadrons et les avoit formés en ligne serée s'élença sur quelque bataillons ennemis qui faisant reculer deux des notres étoient sur le point de les précipiter dans le Danube: cette charge impetueuse sauva nos deux bataillons, mais coûta aussi cher à nos dragons qu'aux ennemis; le carnage fut affreux de part et d'autre on ne se faisait ni grace ni quartier, c'étoit un combat à mort, on voyoit en même tems nos dragons furieux enfoncer l'infanterie ennemie, l'écraser sous les pieds de leurs chevaux et la sabrer sans misericorde, tendis que celle-ci se resserant continuellement lardoit nos chevaux à coup de baionnette et assommoit nos dragons demontés avec une ferocité qui tenoit de la rage; les cadavres s'amonceloient les uns sur les autres au point que les chevaux en étoit arretés, et notre cavalerie ne pouvant manoeuvrer dans cette pleine étroite dut enfin se rétirer dans sa premiere position, en abandonnant, avec les plus vives regrets, le brave colonel Wallier tombé au pouvoir de l'ennemi. Le combat étoit également sanglant et toujours acharné avec nos trois régimens d'infanterie *E*, *F*, *G*, tendis que les deux premiers *A* et *B*, qui avoient repoussé la premiere attaque étoient, sur les hauteurs *P*. Le général Mortier qui étoit sur ses hauteurs en étoit descendu pour courir au secours de la queue de sa colonne en rassamblant pour cet effet le regiment *C*, qui étoit resté dans les deux villages et dans leur gorge; mais arrivé au lieu du combat, le général vit avec douleur l'impossibilité d'y prendre part pour le moment, car la mêlée étoit si générale et si confuse, le champ de bataille si resseré et si emcombré de combattant, qu'on auroit chargé tout à la fois les amis avec les ennemis: il falut donc attendre que l'on vit jour à pouvoir opérer éfficacement. Entre tems la position de notre armée devenoit toujours plus critique; accablés par le nombre excessive des ennemis, nos régimens *E*, *F*, *G*, alloient êtres culbutés dans le Danube tendis que ceux *A* et *B* touchoient au moment où ils alloient être précipités du haut des montagnes (car l'ennemi retiré en *M*, ayant été renforcé sétoit porté de nouveau en avant et avoit fait reculer nos regimens *A* et *B*) tout paroissoit désesperé: c'étoit bien là le cas de se rendre prisonniers sans un extrême deshonneur, puis qu' on s'étoit bat tu toute la journée avec une valeur héroique et que de part et d'autre le car nage avoit été épouventable: mais une armée française entiere se rendre pri sonnière! cette idée parut à nos soldats plus horrible que la mort. L'oprobr et l'infamie dont les armées autrichiennes d'Ulm et de Memmingen venoit d se couvrir tout récemment; les sarcames les plus sanglants dont leurs officier avoient étés accablés, même par les goujats et les vivendiers de nos armées avoient fait une si vive impression sur nos soldats qu'ils eussent preferés à u tel oprobre la mort la plus horrible, et il en donnerent un exemple affreux Une partie du régiment *F*, ne pouvant plus resister aux éfforts réiterés d'u ennemi trop supérieur en nombre se jette dans les maisons d'un hameau et s' rétrenche, l'ennemi y met le feu et crie à nos gens *de se rendre; nos héro* ques soldats le refusent et se laissent tous brûler vifs, préferant endurer dan les flammes la mort la plus cruelle, plutôt que de sauver leur vie par une humi liante rédition. Le même devouement se manifesta dans toute l'armée; dan les moments les plus déserperés, nos soldats s'écrioient: Allons! allons! il n s'agit pas ici *d'Ulmer* (*) il faut vaincre ou mourir. L'héroisme de ces brave gens méritoit les faveurs de la victoire, ils en furent couronnés: nos dragon s'étant retirés de la mêlé (*Voyez le plan No.* 86), le général Mortier pût en fin se porter sur l'ennemi avec le regiment *C*, auquel se joignoit un bataillo de celui *E*. Tel qu'un torrent, d'autant plus impetueux qu'il a été longtems re tenu, Mortier renversa tout ce qu'il trouva devant lui, se fit jour partout ave la baïonette et dégagat sa colonne. Dans le même tems le neuvième regimen d'infanterie légère et le trente deuxième de ligne postés en *A* et *B* battiren aussi l'ennemi, qui, repoussé finalement de tout côtés, dût nous abandonne l'honneur de la victoire avec plusieurs drapeaux et treize cents prisonniers.

(*) *Ulmer* est un nouveau mot français inventé par les soldats pour exprimer une re dition lâche et deshonnorante, telle que celle des Autrichiens à Ulm.

Ce combat, qui durat dépuis sept heures du matin jusqu'à quatre heures de l'après-midi, sera à jamais mémorable dans les annales militaires de la France; il manifesta toute l'étendue du courage français, qui fut porté, dans cette journée, au plus haut degré; le neuvième régiment d'infanterie légère, le quatrième, le trente deuxième et le centième de ligne s'y couvrirent d'une gloire immortelle. On doit concevoir combien a du être sanglant un combat où l'on se battit pendant neuf heures consecutifes avec un acharnement inexprimable, où les Russes nombreux combattirent avec une feroce intrépidité et les Français avec la rage du desespoir et le sentiment de l'honneur le plus exalté: toute l'étendue du champ de bataille fut laissé couverte de cadavres amoncélés. Le général autrichien Schmidt, nommé par l'Empéreur à la place du général Mack, fut trouvé au nombre des morts.

Après ce combat les Russes se retirerent en hâte vers la Moravie, et le général Mortier marcha sur Vienne.

R E M A R Q U E S.

Si pour l'instruction des militaires et l'intéret de nos armées nous devons rémarquer les fautes de nos ennemis, nous devons aussi rélèver les nôtres et en convenir franchement.

Il est évident que nous commimes une grande faute, en parcourant la vallé étroite du Danube, de n'en pas fouiller tous les défilés et ne nous assurant pas de leurs débouchés, jusqu'après le passage entier de notre colonne. Cette faute qui nous coûta cher, auroit peut-être entrainée la perte entière de notre armée, si la fortune ne nous avoit pas favorisé malgré nous.

Nous avons dit que le général Mortier accourant avec un régiment au secours de sa colonne, ne put d'abord attaquer l'ennemi à cause de la mélé générale: ce contretems qui le désespera fut le salut de l'armée, car ce régiment qui n'avoit point encore combattu conserva toute la fraicheur de sa force dans son inaction forcée, faisant, malgré nous, les fonctions d'une précieuse réserve; n'ayant pû donner que sur la fin du jour il eut une plus grande facilité à terrasser des nombreux ennemis excedés des fatigues d'un combat long et excessivement actif.

PRISE DE VIENNE

LE 13 NOVEMBRE.

Le treize Novembre à la pointe du jour, la cavalerie de nôtre avant-garde entra dans Vienne sans aucune opposition; la cour, les ministres, une grande partie de la noblesse et tout le militaire en étoit parti.

L'arrière-garde autrichienne étoit à la rive gauche du Danube, elle travailloit à détruire le pont et à le brûler; un de nos officiers supérieurs s'y rendit de suite avec un piquet de cavalerie, eut quelques pourparlers avec le général ennemi, empêcha que le pont ne fut détruit et le passa avec sa troupe. Le Prince Murat arriva à Vienne, à dix heures du matin, avec la reserve de cavalerie. Le Maréchal Lannes y arriva également avec son corps d'armée; toute ses troupes ne firent que traverser la ville et se porterent sur la rive gauche du Danube à la poursuite de l'ennemi.

Le Lendemain, quatorze, les corps d'armées des Maréchaux Soult et Davoust traverserent Vienne; Napoléon I. fixa son quartier général au château de Schoenbronn, et le Prince Murat établit le sien dans le palais du Duc de Saxe-Teschin.

Nous trouvames dans Vienne mil et quarante huit pièces de canons de campagne, outre quatre vingt que nous primes sur la rive gauche du Danube. Deux cents septente six canons de siège. Quatre cents septente trois mortiers. Ces dixhuit cents et septente sept pièces d'artillerie étoient toutes de bronze et nous les fimes passer en France. Nous trouvames aussi deux cents vingt chariots attellés avec des provisions; soixante un mille deux cents quatre vingt douze fusils; vingt cinq mille carabines; vingt trois mille pistolets; huit mille cuirasses; trois cents cinquante affuts; cent soixante mille bombes; cinquante deux mille obus; six cents mille quinteaux de poudre; six millons de cartouches; plus de deux mille quinteaux de plomb, etc. etc.

Le général de division Clarke fut nommé gouverneur général de la province d'Autriche et chargé de tout ce qui étoit rélatif à la police. Le conseiller d'état Daru fut nommé intendant général de la même province, et chargé de tout ce qui étoit relatif à l'administration. A mesure que les autres provinces furent occupées par nos troupes, on y établit aussi des commandans et des intendans de cercles qui correspondoient avec le Gouverneur-général et l'Intendant-général de l'Autriche, fixés à Vienne. Le général Hulin fut nommé commandant de la ville de Vienne.

Tandis que les corps d'armées des Maréchaux Murat, Lannes, Soult et Davoust se portoient à Vienne, celui du général Marmont se portoit à Leoben et à Gräez sur la Mur en Styrie; celui du Maréchal Bernadotte et les Bavarois pénétroient dans le pays de Salzbourg et le corps du Maréchal Nay s'emparait du Tyrol.

Le général Marmont parti, le trois Novembre, de Lambach, avec son corps d'armée, arriva à Leoben le treize: il avoit rencontré l'ennemi le 8 à Weyer, l'avoit attaqué battu, et lui avoit fait quatre cents prisonniers. L'ennemi qui occupoit la vallée de la Mur dépuis Judenburg jusqu'à Gräez s'étoit retiré, après avoir rompu tous les ponts, c'est-ce qui empécha nos troupes de les poursuivre avec vivacité. Le général Marmont s'empara de Gräez le 16; et poussa ensuite ses avant-postes vers Mahrbourg.

INVASION DU SALZBOURG.

Le Maréchal Bernadotte, qui étoit à Wasserbourg le vingt huit Octobre, arriva le trente à Salzbourg avec son armée et une partie de celle des Bavarois. Les Autrichiens s'étoient retirés de la ville à l'aproche de nos troupes se retirant en deux colonne; le maréchal fit poursuivre la première, qui se retiroit sur Wels en Autriche, par Neumarkt et Straswalchen, par le général Bavarois de Werde; et la seconde, qui se dirigeoit vers la Styrie et la Carinthie par la route de Radtstadt, par le général Kellerman; cette deuxième colonne forte d'environ trois mille hommes, s'arreta dans des rétranchemens près de Lueg au délà de Golling; sur la route de Werfen. Un bataillon du septième régiment d'infanterie légère montra à cette occasion une intrepidité et un courage surnaturelle en escaladant des rochers escarpés et regardés comme inaccessibles: et parvient par le succés de cette audacieuse entreprise à tourner la position de l'eunemi et dans une attitude à pouvoir lui couper toute retraite pour le peu qu'il la differa d'un instant. L'ennemi voyant le dangers de sa position se hata de l'abandonner et ne le fit qu'avec une précipitation qui le jetta dans le desordre; c'est ce que voyant le général de brigade français Werle qui n'étoit arrivé devant cette formidable position, qu'avec soixante hommes de cavallerie, se porta sans hésiter sur les rétranchemens, les escalada et chargant l'ennemi en fit plusieurs centaines prisonniers; le reste s'éparpilla dans les montagnes, et ne dût son salut qu'à la nature du pays qu'il connoissoit mieux que nous. Le succés de cette importante action est dû particulièrement à l'intelligence et à la bravoure du chef de bataillon Barbés Latour, qui à la tête des carabiniers tourna la position de l'ennemi.

Un corps des troupes bavaroises sous le commandement des généraux, Deroy, Minucci et Marsigliy, se porta par Traunstein sur Reichenhal où il arriva le premier Novembre. Le soir du même jour une partie de cette troupe força les défilés de Melleck, défendus par des arquebusiers tyroliens; le lendemain, *deux*, dans la soirée, les défilés près d'Unken, sur la Saal, furent aussi emportés: les Bavarois firent dans cette affaire deux cents cinquante prisonniers et prirent deux canons. Dans la nuit du *trois*, ces mêmes troupes bavaroises arriverent près de Loffer et attaquerent ce poste, il falut emporter d'assaut trois redoutes. Le général Deroy conduisit lui même les soldats à l'attaque et donna des preuves de la plus grande intrepidité en combattant à pied l'épé à la main. Tous les retranchemens furent forcés et la plus grande partie des troupes autrichiennes qui les défendoient furent passé au fil de l'épé. Les Bavarois se couvrirent de gloire dans cette action sanglante qui leur couta environ quatre cent hommes tués et blessés; au nombre de ces derniers étoit le général Deroy qui le fut grievement en combattant comme un simple soldat: le colonel Lessel et le major Strochl le furent aussi.

Le poste fortifié et regardé comme inexpugnable du défilé de Strube fut ensuite attaqué et emporté aussi d'assaut.

PRISE DE KUFSTEIN

LE 7 NOVEMBRE.

Le corps bavarois penétrant ensuite dans le baillage de Kufstein, après quelques combats heureux dans les montagnes et sur le Kieferbach, parvint a s'emparer de la ville ou forteresse basse de Kufstein. Il fut, à cette occasion, conclu deux capitulations rémarquables; les voici.

Première capitulation faite près d'Ober- et Unterandorf, Muhlbach et Fischbach, entre les lieutenans colonels Bavarois de Zoller, et de Jordan d'une part et le Baillage de Kufstein de l'autre.

1) Le Baillage de Kufstein s'engage à faire cesser sur-le-champ toutes les hostilités de la part des habitans du pays dans les districts de Mariastein et Thierberg, et sur les deux rives de l'Inn.

2) Les deux commandans Bavarois lieutenans colonels de Zoller, et de Jordan, promettent de leur côté de faire respecter par les corps sous leurs ordres la sûreté personnelle et les proprietés des habitans. Fait le sept Novembre. *S. S.*

Deuxième capitulation conclu pour la ville ou forteresse inférieure de Kufstein.

1) Il ne sera établi de la part de l'armée ennemie aucune batterie dans la ville, de laquelle il ne sera non plus tiré sur la forteresse; cette dernière n'entreprendra de son côté rien contre la ville.

Reponse. *De la part de la garnison Bavaroise actuelle il ne sera établi aucune batterie contre la forteresse, qui de son côté n'entreprendra rien contre la garnison de la ville.*

2) Les proprietés, appartenant au militaire, ainsi que celle des bourgeois, et les personnes de ces derniers seront respectés.

Rep. *Toutes les propriétés appartenant à M.M. les officiers et à leurs épouses, seront respectés.*

3) Toute la garnison se retirera dans la forteresse et il sera accordé à cette fin quatre heures.

Rep. *Accordé.*

Fait à Kufstein, le 7 Novembre 1805.

Signé { de Zoller, lieut. col.
de Jordan, lieut. col. et aide de camp de S.A.E.B.P.

Signé { Uihazy *du corps du génie autrichien, commandant de la forteresse.*
Ant. Kintzki, *major du quatrième bataillon de régiment de Klebeck.*

Deux jours après, le neuf, le château de Kufstein ou forteresse supérieure capitula aussi, et se rendit aux Bavarois; la garnison en sortit le lendemin dix Novembre; elle étoit commandée par les officiers supérieurs suivant, qui signerent la capitulation.

Kaiser, capitaine — Ant. comte de *Kinsky*, major etc. — Jean *Dunkel*, lieut. d'artillerie — *Uihazy*, major du génie et commandant.

Kufstein est une petite et jolie ville fortifiée regulièrement. Son château ou forteresse supérieur, nommé Geroldstein, est bâti sur un roc. Cette *double forteresse* est de la plus grande importence et le plus puissant boulevard du Tyrol.

PRISE D'INSPRUCK

ET DE TOUT LE TYROL, PAR LE MARÉCHAL NAY.

Le Maréchal Nay avoit quitté les environs d'Ulm le vingt sept Octobre, avec son corps d'armée, et s'étoit dirigé par Memmingen sur Landsberg; il partit de Landsberg le 31 pour se porter dans le Tyrol. Le cinq Novembre, son armée, rassemblée sur la frontière de cette province, partit de Germischau, Partenhirch et Mittenwald se dirigeant par la vallée de Lutasch, dont elle força le défilé, c'est ce qui porta cette armée derrière les défilés et les retranchemens de Scharnitz qui, étant tournés, furent attaqués de revers. Cette manoeuvre du Maréchal Nay mit les troupes ennemies qui défendoient Scharnitz dans une situation desesperée: elles se defendirent avec courage et opiniatreté; les milices Tyroliennes y soutinrent leur réputation, mais le ravage que nos obus faisait parmi eux, la valeur de nos troupes, qui demandoit l'assaut à grands cris; et l'état critique de l'ennemi l'obliga à re rendre, Nous primes dans cette affaire un drapeau, seize pièces de campagne attelées et plus de quinze cents prisonniers.

Le sept, à huit heures du soir, le Maréchal Nay entra dans Inspruck; nous y avons trouvé beaucoup d'artillerie, seize mille fusils et une immense quantité de poudre. Le même jour (7) nos troupes occuperent la ville de Hall, célebre par ses mines de sel, où il y en avoit, à notre arrivé, une quantité prodigieuse en magasin.

Le Maréchal Nay fit demolir les fortifications de Scharnitz. Nos troupes occuperent Brixen où elles trouverent un grand nombre de malades et de blessés. Le dixsept Clausen et Botzen furent aussi occupés. Le Maréchal Nay établit son quartier général dans cette dernière ville le vingt et poussa sont avant-garde jusqu'à Trente.

L'archiduc Jean, qui étoit chargé de la défense du Tyrol et s'étoit retiré sur le Brenner après notre entrée à Inspruck, se retira promptement vers la Carinthie par la vallée de la Drau: l'Archiduc Charles, aiant aussi été forcé d'abandonner l'Italie, commenca sa retraite le premier de Novembre.

PRISE DE PLUSIEURS CORPS AUTRICHIENS RESTÉS DANS LA SOUABE.

Nous avons dit que de toutes les forces portées par la cour de Vienne en Souabe, il n'en étoit échapé que deux mille hommes qui avoit gagné la Bohême avec l'Archiduc Ferdinand; environ dix mille autres retirés en Autriche avec le général Kienmayer, et quelques autres corps qui des environs de Stockach s'étoient porté vers le Vorarlberg. La nécessité où nous nous trouvions alors de porter le plus promptement possible toutes nos forces vers l'Autriche, ne nous permit point de faire le moindre détachement pour poursuivre ces troupes, les détruire, les prendre ou les repousser dans le Tyrol. Nous dûmes laisser cette besogne en reserve pour le Maréchal Augereau, qui accourant des extremités de la France (des environs de Brest) avec son corps d'armée, ne pouvoit tarder d'arriver en Allemagne.

Ces corps de troupes ennemies que nous laissames derriére nous, en Souabe, consistant en plus de quinze mille hommes (en y comprenant les renforts qu'ils reçurent du Tyrol) étoient assez nombreux pour nous porter les plus grands préjudices, s'ils avoient étés commandés par des officiers suceptibles de quelques talens militaires et d'un peu d'intrepidité. On conçoit que profitant de cette belle occasion de nous faire une guerre de partisans, ces officiers auroient pû avec une extrême facilité enlever tous nos convois et nos dépots; exterminer tous nos traineurs, dont le nombre étoit excessif; lever des contributions chez nos alliés; couper toute communication entre la France et nos armées; ils auroient pû, enfin, insulter nos propres frontières, y jeter l'alarme par leur présence et des faux bruits de défaites de nos armées, rendus vraisamblables par leur apparition; etc. etc. Mais pendant plus de trente jours qu'ils restèrent dans la Souabe et la Franconie abandonnés à leur merci, ils ne firent que des démonstrations insignifiantes qui manifestèrent toute l'étendue de leur inaptitude au métier de la guerre, et justifièrent le mépris que nous en avions fait.

Ainsi que nous l'avons déjà dit, ce fut le quatorze Octobre que la plupart de ces troupes ennemies (qui se trouvoient sur le Haut-Danube à la rive droite de ce fleuve dans les environs de Tuttlingen, Muhlheim, Friedingen, et jusques dans le *Hegau*) se concentrèrent à Stockach, d'où elles partirent le seize, se dirigeant par Pfullendorf vers le Vorarlberg. Elles parurent ensuite dans les environs de Leutkirch, et leurs avant-postes s'étendoient, le vingt un, jusqu'au pont sur l'Iller près d'Aitrach. Le vingt sept Octobre un détachement de ces troupes fut à Biberach; et le vingt neuf, des hussards de Blankenstein s'avancèrent jusqu'à Unterkirchbach, à une lieue d'Ulm.

Jusqu'au quatorze Octobre ces troupes restèrent oisives dans la Souabe, se promenant, buvant, mangeant, fumant, sans paroître s'inquiéter des progrès de nos armées; de l'extrême danger où étoit leur patrie et sans s'embarasser même de la situation critique où ils alloient se trouver par notre invasion dans le Tyrol, où nous leur devions couper toute rétraite. L'Archiduc Jean leur avoit envoyé ordre de se retirer par Nauders, Glurens, Meran et Botzen: ce Prince resta, jusqu'au treize Novembre, avec son armée sur le *Brenner* (*) pour les attendre: les commandans de ce corps n'obéirent point, et s'obstinerent à rester inactifs où ils étoient; espérant, sans doute, que nous aurions la bonté de les aller prendre prisonniers.

(*) Hauteur formant la crête ou l'arète des Alpes, située à peu près à mi-chemin d'Inspruck à Botzen. Ainsi le rendez-vous ordonné aux troupes du Vorarlberg étoit derrière l'armée de l'Archiduc Jean. Le général Hiller, par ordre de l'Archiduc avait laissé un corps de troupes à Prarzol, sur la route de Botzen à Trente, pour assurer la retraite des troupes du Vorarlberg.

MARCHES ET OPERATIONS

DE

L'ARMEE DU MARÉCHAL AUGERAU.

Le vingt cinq Octobre, le corps d'armée du Maréchal Augerau avoit commencé à passer le Rhin sur le pont de Batteaux construit à Huningue; ce corps n'étoit que d'environ vingt mille hommes, presque toute infanterie. La première division arriva avec le Maréchal, le vingt six à Fribourg en Brisgau.

Ce ne fut que dans les premiers jours d'Octobre que ce corps pût s'avancer dans la Souabe; le cinq, ses patrouilles entrèrent à Tuttlingen; le six, la division du général Desjardins arriva de Donaueschingen à Amtenhausen, qui n'est qu'à cinquante mille pas géométriques, ou douze mille d'Allemagne de Lindau; ainsi les commandans autrichiens pouvoient étres informés le sept, que l'armée d'Augerau marchoit à eux d'un côté, et que celle de Nay, ayant forcé le passage de Scharnitz le trois, devoit être, ce jour là, sept Novembre à Inspruck; ainsi jusqu'au treize que l'Archiduc les attendit, il eurent huit jours de tems pour se retirer sur Botzen: c'étoit certainement le double de tems qu'il faloit, puisque de Bregentz à Botzen, il n'y à pas cent trente mille pas géométriques, c'est a dire trente deux mille d'Allemagne, en suivant les sinuosités de la route ordonnée par l'Archiduc. *Le neuf Novembre*, une partie de l'armée du Maréchal Augerau s'empara de Lindau et de Bregentz.

Les commandans autrichiens en voyant la foudre tomber à leurs pieds le neuf, avoient encore quatre jours de tems pour gagner Botzen, en faisant huit mille d'Allemagne chaque jour. Ces messieurs restèrent encore cinq jours, immobiles dans leurs positions à deux ou trois mille d'Allemagne de Bregentz. Il falut donc enfin prendre des gens qui vouloient absolument être pris.

Le quatorze Novembre, il fut conclu, à Dornburen (situé à un mil de Bregentz) une capitulation entre les généraux autrichiens *Jellachich* et *Wolfskehl* et le général français *Mathieu,* en voici la substance.

Art. I. Le corps d'armée du général Jellachich est prisonnier de guerre sur parole. Il déposera ses armes et sera conduit, sous escorte française, sur les frontières de la Bohême.

Art. 2. Les officiers conserveront leurs armes, chevaux et effets.

Art. 3. Les armes, l'artillerie, les magasins de munitions, tout ce qui n'est pas proprieté particulière, sera remis à l'armée française.

Art. 4. L'armée française prendra possession de tout le Vorarlberg, de Pludentz etc. jusqu'à Arlemberg.

Art. 5. Les officiers et les troupes du corps d'armée du *général* Jellachich donneront leur parole de ne pas servir pendant un an, à dater du jour de la capitulation, contre la France ou l'Italie, etc. *(Le reste de la capitulation concernoit la marche du corps des prisonniers, la remise des armes et le traitement des malades et des blessés.)*

Fait à Dornburen le quatorze Novembre 1805.

Etoit signé. de Wolfskehl G. M. Mathieu G. de Division.

Il est remarquable que dans cette capitulation on y voit le mot tout simple de *parole;* tandis qu'il est d'usage d'exprimer que les officiers donnèrent leur *parole d'honneur* de ne pas servir etc. On assure que le mot *d'honneur* fut omis à dessein par le général Mathieu. Le corps ennemi rendu prisonnier par cette capitulation consistoit dans les trois régimens d'infanteries, de *Stein,* de *Beaulieu* et de *Jellachich.* La cavalerie de ce corps de troupes formant environ quinze cents chevaux, s'étoit separée de l'infanterie avant le capitulation et se porta vers le Danube en deux colonnes pour passer ce fleuve et puis gagner la Bohême par Nurenberg. La première colonne composée de dragons de Klenau et de hussards de Blankenstein, formant environ mille chevaux, sous les ordres des colonels Comtes deKinsky et de Wartensleben, traversa la Souabe, passa le Danube au dessus d'Ulm, se porta par Blaubeuren, Heydenheim, Aalen, Ellwangen et le pays d'Anspach sur Nuremberg où elle arriva le 17 Novembre au soir; coucha la nuit dans les villages voisins et en repartit le lendemin matin, dixhuit, se dirigeant par le pays de Bayreuth, pour gagner Egra en Bohême où elle arriva avec ses six pièces de canons et tout son monde; n'ayant trouvé dans toute sa route aucun obstacle ni rencontré aucune de nos troupes. Cette colonne en traversant ainsi toute la Souabe et la Franconie y occasionna de grandes alarmes; se dirigeant de Blaubeuren sur Heydenheim, elle poussa ses patrouilles jusqu'à Albeck et Langenau; c'est ce qui jeta l'épouvante parmi la garnison bavaroise d'Ulm. Cette même colonne passant entre Creilsheim et Dünkelspühl rencontra l'Electrice de Bavière qui se rendoit de Wurzbourg à Munich; les Autrichiens l'ayant arrétée lui demanderent qui elle étoit et où elle alloit; cette Princesse, qui se trouvoit au milieu de ses ennemis, conserva toute sa presence d'esprit, et repondit avec beaucoup d'assurence qu'elle alloit à Anspach: ils laisserent cette princesse continuer sa route pour Dunkelspühl, d'où elle se rendit à Anspach accompagné du directeur de cercle prussien de Dunkelsbahl, et escortée par des hussards prussiens de cette dernière ville.

La seconde colonne de cavalerie autrichienne passa le Danube entre Gunzbourg et Dillingen, où elle enleva plusieurs commissaires français et occasionna une grande rumeur. Cette colonne en passant sur la route de Günzbourg à Augsbourg arréta des voyageurs qui allerent aussi jeter l'alarme dans cette dernière ville où étoit notre principal dépot: on en fit sortir, le 17, un bataillon de nos troupes qui se porta sur Donauwerth; tandis que la garnison bavaroise d'Ulm se porta vers la Franconie pour garantir les provinces bavaroises et assurer notre route de communication. Cette seconde colonne de cavalerie autrichienne passa par Nurenberg le dix neuf Novembre, deux jours après la première et gagna également la Bohéme.

Le corps d'infanterie autrichienne qui avoit mis bas les armes dans le Vorarlberg, passa, le vingt six, dans les environs d'Ulm se rendant en Bohéme, sous escorte, d'après la teneur de la capitulation. Les généraux de Jellachich et de Wolskehl étoient au nombre des prisonniers.

Il est remarquable que cette cavalerie autrichienne qui s' échappa du Vorarlberg, d'où elle n'avoit que vingt quatre mille d'Allemagne à faire pour rejoindre l'armée de l'Archiduc Jean, en fit plus de cinquante pour gagner la Bohême; en traversant des pays ennemis et d' autres peu affectionnés où elle pouvoit trouver des obstacles et n'avoit aucun secours à esperer.

PRISE DE L'ARMÉE DE ROHAN.

Parmi les troupes autrichiennes qui occupoient le Vorarlberg, et qui avoient reçu ordre de l'Archiduc Jean de se réplier sur Botzen, étoit un corps d'environ cinq mille hommes d'infanterie et mille de cavalerie commandé par le Prince de Rohan. Ce corps occupoit la ligne de Fussen à Immenstadt, et sa destination étoit de couvrir le route de Reitti et les passages de l'Ehrenberg.

Pour se porter de sa position à Botzen, ce corps n'avoit pas plus de chemin à faire que les autres, dont il devoit joindre la route à Landeck en suivant celle de Reitti et Magenbach. Mais le Prince de Rohan ayant trop différé à commencer sa rétraite, n'arriva à Botzen qu'après le départ de l'armée de l'Archiduc Jean; et lorsque toute la route d'Inspruck à Veronne étoit au pouvoir de nos troupes, en sorte qu'il se trouva arrêté et attaqué entre Méran et Botzen; il excita les paysans tyroliens à prendre les armes et a se joindre à lui pour forcer le passage; étant ainsi renforcé, il repousa facilement nos troupes peu nombreuses jusqu'à Clausen où il y eut quelque combats sanglants pour les deux partis. De grands incendies sur les montagnes du Tyrol, qu'on aperçut dans la nuit, y jetèrent une profonde consternation. Le commandant français déclara qu'il se trouvait obligé d'user de voies de rigueur, et qu'il seroit dans la nécessité de les continuer, si les paysans ne déposaient pas les armes. Cette demonstration de rigueur eut tout l'éffet qu'on en attendoit: les habitans rentrèrent dans leurs foyers.

Le Prince de Rohan voyant l'impossibilité de rejoindre l'armée de l'Archiduc Jean, et sachant que tout l'état Venitien était déjà en notre pouvoir (l'Archiduc Charles étant repoussé par le Maréchal Massena hors de l'Italie); il entreprit de gagner Venise encore occupée par les troupes autrichiennes, pouvant de là s'embarquer avec son corps d'armée pour l'Istrie ou la Morlaquie et se réunir ensuite à l'armée de l'Archiduc Charles. Il se porta en conséquence par la route de Botzen, de Trente et Bassano sur Castelfranco et Mestre. Ce Prince ayant rencontré, le vingt quatre Novembre, sur la route de Mestre le général français Regnier qui, avec sa division cantonnée à Poviano, étoit venu pour lui couper le passage, l'attaqua à la pointe du jour et le força trois fois de suite à se replier malgré la resistance la plus opiniatre. Le général Regnier battoit en rétraite avec sa division cédant à des forces supérieures et l'ennemi alloit gagner Venise, dont il n'étoit plus qu'à deux mille d'Allemagne. Heureusement qu'un corps polonais sous les ordres du colonel Grabinsky arriva de Campo-San-Piedro qui, attaquant l'ennemi en flanc avec beaucoup de vivacité, le força à se replier sur Castelfranco avec perte de cent-cinquante prisonniers, de deux canons et d'un obusier. Le général Regnier se reporta alors en avant et réuni au corps polonais, attaqua de nouveau l'ennemi et lui fit deux mille prisonniers.

Le Prince de Rohan se retira après cet échec à Villa Franca où il dut se rendre prisonnier, avec trois mille hommes d'infanterie, au colonel Grabinski; tandis que sa cavalerie, consistant dans le régiment de cuirassiers de Czartorinsky, réduite à sept cents hommes, capituloit et se rendoit au lieutenant colonel Clobinsky. Un étendard, six drapeaux et douze pièces d'artillerie furent les trophées de cette victoire.

Parmi les prisonniers étoit, outre le général commandant Prince de Rohan, trois colonels, trois lieutenants-colonels et six majors.

On voit que le Prince de Rohan qui n'avoit que vingt-quatre mille d'Allemagne à faire pour se porter de Fussen à Botzen où il se seroit joint à l'armée de l'Archiduc Jean, entreprit d'en faire cinquante pour se rendre à Venise, et qu'il en fit éffectivement quarente huit. Il est très-remarquable que des troupes Autrichiennes du Vorarlberg qui cherchérent à se sauver, celles qui se dirigèrent vers la Bohéme et celle qui se portérent sur Venise, dans deux directions oposées, eurent l'une et l'autre une distance égale de cinquante mille d'Allemagne à parcourir. Le sort honteux et funeste de ces troupes prouve de plus en plus qu'il ne suffit point d'avoir des soldats valeureux, fidels, braves, infatigables, bien exercés et bien disciplinés; que la plus grande force des armées consiste dans les talens, la vigilence, l'activité, la fidelité et *l'honneur* des chefs.

EXCURSION EN BOHÊME.

Par l'exposé que nous avont fait jusqu'ici des marches et des opérations des armées françaises, on a dû remarquer que, dans les premieres jours du mois de Novembre, toute la Souabe, la Franconie, le Haut-Palatinat et la Bavière étoient entièrement degarnis de troupes françaises et bavaroises; le peu qui en restoit dans quelques villes devoit être consideré comme nul pour la defense de cette vaste étendue de pays, formant tout le Haut-Bassin du Danube, et que l'on distingue en blanc sur la carte Numero 68. Planche XVII.

Toutes nos armées françaises et celle des Bavarois, étoient, vers le lac de Constance, dans le Tyrol, la Stirie et l'Autriche. Dans quel embaras ne nous auroient pas jetté les troupes autrichiennes du Vorarlberg et de la Bohéme, si envoyées, par les Archiducs Jean et Ferdinand, dans cette vaste étendue de payes, elles se fussent divisées en un grand nombre de petites troupes conduites par d'excellens officiers partisans. Ayant quatre à cinq mille hommes de cavalerie, ces troupes pouvoient couvrir toute cette grande surface de quatre vingt ou cent partis de cinquante chevaux chaque; qui nous faisant la guerre avec autant de *sage politique* que de *bonne tactique* auroit peut-être suffit pour faire retrograder nos armées et sauver la monarchie autrichienne.

La cavalerie qui s'étoit sauvée des environs d'Ulm avec l'Archiduc Ferdinand, étoit en Bohéme dans les environs d'Egra; quoi que tout le Haut-Palatinat fut à leur merci, cette troupe se borna à envoyer quelques patrouilles par Mitterteich, Tirschenreit et Neustadt jusqu'à Hirschau à quelque distance d'Amberg, où elles leverent quelque contribution. Quelque infanterie Autrichienne étoit aussi venue se poster à Waldmünchen à deux mille pas géométriques des frontières de la Bohême, n'ayant consequeament qu'une heure de marche à faire pour se retirer dans leur pays. On conçoit que cela n'étoit point de nature à nous inquietter, mais comme il étoit important, avant de nous enfoncer d'avantage dans les vastes états de la monarchie autrichienne, de nous assurer s'il n'y avoient pas dans la Bohême quelques rassemblemens de troupes assez considerables pour pouvoir venir tomber sur notre flanc et nos derrières, il fut, en consequence, resolu d'envoyer un petit corps de troupes dans le Haut-Palatinat pour de là pénétrer dans la Bohéme, sonder le terrain, voir si effectivement, comme on l'annoncoit, il y avoit quelque disposition d'armement général, de rassemblement de nouveaux corps et de milice et chercher à y porter le même découragement et la même terreur, que nous avions jettés dans les autres provinces autrichiennes.

Le général Baraguay-d'Hilliers, ayant reçu des ordes à cet effet, partit de Straubing le six de Novembre de grand matin et se porta, avec sa division de dragons à pied forte d'environ six mille hommes avec quelques artillerie légère, par Cham sur Waldmünchen où devoit se trouver les deux régimens d'infanterie autrichienne de Gemmingen et de Hohenlohe avec deux escadrons de houlans. A l'approche de nos troupes celles des ennemis se retirerent en Bohême par la route de Waldmünchen à Klentsch. Le général Baraguay-d'Hilliers, en habile partisan, se garda bien de poursuivre l'ennemi par cette route se doutant bien qu'elle tiendroit ferme dans les nombreux défilés des hautes montagnes qui servent d'enceinte à la Bohême où l'ennemi auroit, dans ce local qu'il connoissoit mieux que nous, un avantage inapreciable sur nos troupes. Il fit semblant de vouloir l'entreprendre en faisant manoeuvrer quelques compagnies de dragons vis à vis le débouché de ces défilés; et fit marcher avec la plus grande celerité possible quelques autres compagnies vers Weiden du côté de Neustadt sur la route d'Egra, pour en déloger deux à trois cents hommes de cavalerie, les répousser vers Egra et donner à l'ennemi de l'inquietude de ce côté pour qu'il ne vienne point se jetter sur nos derrières et nous enfermer dans la Bohême lorsque nous y serions entré. Cette cavalerie fut chassé par nos gens et se sauva à Egra comme nous le desirions. Le général Baraguay-d'Hilliers, dès l'instant qu'il eut placé quelques compagnies de dragons vis à vis le corps autrichien retiré sur la route de Klentsch se porta rapidement avec ses plus grandes forces par Furt et Eschelkam sur Neumark en Bohême traversa avec son corps d'armée les défilés et les montagnes, escalada le fameux Dürrnberg couvert de glace et se précipita comme un torrent dans la Bohême: une partie de ses troupes se porta par Taus sur Teinitz, l'autre se dirigea sur Klattau et elles marcherent sur Pilsen.

Nos troupes, qu'on n'attendoit pas de ce côté, ne trouverent qu'un foible détachement d'ennemis à Taus qui mit bas les armes à leur arrivée. Dans le cercle de Pilsen elle s'emparerent d'une grande fabrique de drap, propriété du gouvernement autrichien; tout ce qui s'y trouva fut conduit, sur quelques centaines de voitures, à Cham et de là à Straubing.

Les troupes autrichiennes rétirées de Waldmünchen et postée sur la route de Klentsch croyant avoir devant elles toutes les troupes françaises, furent fort étonnées d'apprendre qu'une armée française (qu'on disoit très-considerable) avoit penétré en Bohême par Neumark, qu'elle occupoit déjà Taus et qu'elle alloient consequament tourner leur position et les envelopper; ces troupes ne virent alors de salut pour elles que dans une prompte fuite qu'elles effectuerent avec une incroyable précipitation jusqu'à Beraun à peu de distance de Prag. La nouvelle qui se repandit, avec la vitesse de l'éclair et en grossissant comme une avlange dans toute la Bohême, que nos troupes s'avancaient vers Egra, qu'une armée s'avançait par la route de Waldmünchen à Klentsch et qu'une autre, qui avoit pénétré par Neumark, marchoit sur Pilsen et Prag jetta la consternation par tout. Nos troupes manoeuvroient de manière à faire croire qu'elle étoient en très-grand nombre et que ce nombre n'étoit que l'avant garde d'une très-grande armée qui entroit en Bohême de trois côtés. Des feux inombrable de Bivouacs qui s'appercevoient de loin rependoient la terreure dans le pays en faisant croire que déjà cent mille Français étoient sur les revers interieures de montagnes.

Pendant tout le tems que nos troupes resterent dans la Bohême, elles ne virent aucune apparence d'insurrection, n'apperçurent aucun corps de volontaires, ni même de rassemblement de troupes reglés. Le général Baraguay-d'Hilliers voyant sa mission heureusement remplie, fit savoir aux habitans, que satisfait de voir les estimables Bohêmes paisibles dans leurs foyers et assez sages pour ne point vouloir prendre part à la guerre injuste que leur souverain faisoit à la France, les armées françaises alloient evacuer leur pays et regarderent dorenavent ses habitans comme amis.

Le général s' étânt alors remis en marche avec sa troupe, retourna par Cham à Straubing, d'où il se porta dépuis par Passau à Lintz.

Dépuis cette expédition, nous n'entendimes plus parler de volontiers ni d'insurection et le Haut - Palatinat ne vit plus de troupes autrichiennes. C'est ainsi qu'un royaume entier, peuplé de trois millions d'habitans belliqueux, fut paralisé par la savante apparition d'un corps de cinq à six mille hommes de pied.

PRISE DE PRESBOURG

CAPITALE DE LA HAUTE - HONGRIE.

Le Maréchal Davoust, qui avoit traversé Vienne, le quatorze Novembre, avec son corps d'armée, avoit passé sur la rive gauche du Danube. Le général Vialannes, qui commandoit l'avant - garde de la cavalerie du dit Maréchal, entra le quinze Novembre dans Presbourg, sans éprouver la moindre resistence et fut suivi ensuite par quelque infanterie qui occuperent cette ville importante.

A l'approche de nos troupes, le Comte de Palfy, général commandant de Presbourg, écrivit au Maréchal Davoust la lettre suivante.

„ Général.

S.A.R. l'Archiduc Palatin, en sa qualité de chef suprême du militaire et du civil en Hongrie, a chargé le soussigné de déclarer que S.A.R. a fait établir, le long des frontières occidentales de ce royaume, un cordon de gardès non militaires, soutenu par de très - petits détachemens de cavalerie, composés d'invalides et de recrues, dans la seule vue d'arrêter les maraudeurs de l'armée autrichienne qui pourraient s'y présenter, et qu'ains il n'es nullement question d'aucune sorte d'hostilité, les dits détachemens ayant ordre de se retirer, des que les troupes françaises s'approcheront de la frontière.

„Ainsi, dans le cas où ces faibles détachemens, qu'on ne peut regarder uniquement que comme des piquets d'avertissement, se replieraient à l'approche de l'armée française, S.A.R. a ordonné d'avance aux maisons des invalides, à celles d'éducation, aux officiers pensionnés, aux invalides employés aux bureaux de comptabilité des régimens et aux hôpitaux militaires, de rester en place, persuadé que le général ou commandant des troupes françaises ne leur refusera pas les sauve-gardes nécessaires, et qu'il voudra bien donner des ordres pour que les colonnes et détachemens de l'armée française qui entreront en Hongrie, n'y commettent aucun excès, attendu qu'aucune sorte d'opposition ne sera faite aux troupes françaises, et qu'en conséquence de cette déclaration, le soussigné aurait plusieurs objets très-intéressans à traiter avec le général ou commandant des troupes françaises.

„Il le prie de lui assigner un rendez-vous sur parole, sur un bateau au milieu du Danube.

„Il attend en conséquence sa réponse, et a l'honneur d'être son très-humble serviteur."

Le Maréchal Davoust répondit au comte de Palfy de la manière suivante:

Monsieur le Général.

„J'ai mis sous les yeux de S.M. la lettre que vous avez adressé au commandant de ma cavalerie légère. S.M. m'a chargé de faire connaitre, par votre canal, à S.A.R. l'Archiduc Palatin, qu'elle était prête à considérer comme neutre la nation Hongroise, à interdire à son armée l'entrée des frontières de Hongrie, si, de son côté, S. A. R. l'Archiduc Palatin et la nation Hongroise voulaient retirer leurs troupes, ne faire aucune insurrection, continuer à approvisionner Vienne, et enfin conclure entre la nation Hongroise et S.A.R. l'Archiduc Palatin, et S.M. l'empereur des Français, une convention tendante à maintenir l'harmonie entre les deux pays.

„J'ai l'autorisation de laisser passer tout officier que S.A.R. l'Archiduc Palatin voudraît envoyer auprès de mon souverain, pour traiter d'après ces bases. Je me trouverai heureux par-là de faire une chose agréable à vos compatriotes, et d'assurer le bien-être et le repos d'une nation si estimable à tant de titres que la nation Hongroise.“

Nous ne fumes point dupe de la missive de M. de Palfy, elle ne servit qu'à nous faire connaître de plus en plus que la Hongrie était prise au depourvue et qu'incapable d'arrêter nos armées victorieuse, on ne cherchoit qu'à nous amuser pour gagner du tems, rassembler des forces et voir l'arrivée de toute celle de l'empereur de Russie pour agir tous de concert. Nous profitames de cette ruse grossière pour essayer de paraliser réelement la Hongrie qui peuplée de huit millons d'habitans belliqueux étoit la force la plus importante et presque la seule qu'il restait à l'Empereur d'Autriche, qui par-là se veroit forcé à faire promptement la paix: tel fut le but de la réponse du Maréchal Davoust et de la publicité que nous donnâmes à ces deux lettres en les faisant inserer dans les papiers publiques, pour qu'elles fussent connues de toute la nation hongroise.

SUITE DE L'INVASION EN AUTRICHE.

Les corps d'armées des Maréchaux Davoust, Soult et Lannes, ainsi que la cavalerie du prince Murat, avoient, ainsi que nous l'avons déjà dit, passé le Danube à Vienne le quatorze Novembre: le même jour, tendis que le général Vialanne, avec une partie de l'avant-garde du Maréchal Davoust se portait sur Presbourg, le général Milhaud qui commandoit une autre partie de l'avant-garde du dit Maréchal se mit à la poursuite de l'ennemi qui se retiroit vers la Moravie, il l'atteignit vers midi, lui fit six cents prisonniers et prit un parc considerable d'artillerie, avec les chariots de munitions y appartenant et quatre cents chevaux, et repoussa le reste de l'arriére-garde ennemie jusqu'à Wolkersdorf.

Le Maréchal Lannes prit la route de Znaym, en remontant la rive gauche du Danube, et arriva, le même jour, quatorze, à deux heures de l'après-midi à Stockerau, où il trouva un magasin très-considerable d'habillemens militaires, de souliers et de draps de capotes, ainsi que plusieurs bateaux chargés d'artillerie, de cuirs et d'habillemens, qui devoient descendre le Danube, et qui furent interceptés.

Le Prince Murat, avec sa cavalerie, et le Maréchaux Lannes et Soult, avec leurs corps d'armée s'avancerent par la route de Stockerau à Znaym et rencontrerent, le quinze, l'armée russe près de Ob. Hollabrunn. Le combat s'engagea entre la cavalerie; mais l'ennemi se retirà après un court intervalle, et laissa entre nos mains cent chariots attelés avec des bagages. Nos troupes suivirent l'ennemi, et étoient sur le point de renouveller l'attaque, lorsqu'un parlementaire autrichien arriva, et demanda qu'il fut permis aux troupes de l'Empereur d'Allemagne de se séparer des Russes, cette demande fut accordée. Peu après, le Baron de Winzingerode, aide de camp de l'Empereur de Russie, arriva aux avant-postes, et proposa une capitulation pour l'armée russe. Le Prince Murat crut devoir aussi l'accorder, et la capitulation suivante fut conclue et signée par le général de division Belliard, chef de l'état-major autorisé à cette fin par le Prince Murat, et le Baron de Winzingerode adjutant de l'Empereur de toutes les Russies.

„Il y aura armistice autre le corps d'armée sous les ordres de S.A. le Prince Murat et l'armée russe sous les ordres du Comte de Kutusow, à dater du moment de la signature de cette convention.

L'armée russe quittera l'Allemagne, et effectuera de suite sa retraite sur la même route par laquelle elle est venue, et en suivant des stations déterminées.

Le Prince Murat consent à cette condition à suspendre sa marche vers la Moravie. Les conditions ne pouront être remplies qu'après avoir reçu la ratification de S.M. l'Empereur Napoléon. En attendant, les deux parties resteront dans les positions, dans lesquelles elles se trouvent dans ce moment.

Dans le cas où l'Empereur ne donneroit point sa ratification, on s'avertira réciproquement quatre heures avant le recommencement des hostilités. Fait à Holabrunn le quinze Novembre 1805." *Suivoient les signatures.*

Cette capitulation fut envoiée sur le champ à l'Empereur Napoléon, pour être ratifié: mais l'on apperçut bientôt que cette pièce et les pourparlers qui l'avoient précédé n'étoit qu'une ruse pour gagner du tems, suspendre notre poursuite et profiter de ce tems précieux pour sauver l'armée (ennemie) avec ses nombreux bagages, et eviter une bataille qui ne pouvoit lui être qu'excessivement nuisible. Cette ruse étoit si facile à appercevoir qu'on accusa le Prince Murat de s'être laissé tromper grossièrement. Car il étoit evident que le Baron de Winzingerode n'ayant point de pleins-pouvoirs de l'Empereur de Russie, ne pouvoit conclure une convention qui obligeoit ce Prince à quitter l'Allemagne avec toute ces troupes. Cette capitulation n'étoit même aucunement obligatoire pour le général Kutusow qui ne l'ayant ni signé ni ratifié, ni autorisé le Baron de Winzingerode à la faire, pouvoit prétexter de n'en avoir aucune connoissance. Le Prince Murat n'ignoroit point toutes ces irregularités, mais la politique l'obligoit à feindre de ne point s'en appercevoir, devant saisir toutes les occasions de pouvoir ouvrir quelques négotiations avec l'Empereur de Russie pour le détacher de la coalition.

Le Prince Murat fut si peu dupe de la ruse de Russes qu'il surveilla attentivement tous leurs mouvemens et fit joindre promptement les divers corps des armées qui se trouvoit sous ses ordres pour agir plus efficacement encore contre l'ennemi dès l'instant qu'il faudroit l'attaquer.

Les Russes, en effet, profiterent de la nuit, du quinze au seize, pour faire filer tous leurs bagages vers la Moravie, et leur armée même se mit en marche pour se retirer dans cette province. Le seize dans la matinée nous leur fimes connoître que Napoléon I. n'avoit point ratifié la capitulation pour le defaut de plein-pouvoir du Baron de Winzingerode; que cependant, S.M. en ordonant à ses armées de continuer leurs marches, déclaroit, que si S.M. l'Empereur Alexandre ratifioit cette convention, il la ratifieroit également.

COMBAT DE GUNTERSDORF

LE 16 NOVEMBRE.

PLANCHE XIX. *No.* 87 *et* 88.

Le Prince Murat, ayant fait en consequence toutes ses dispositions, marcha, le seize, aux ennemis, et rencontra, à quatre heures de l'après midi, son arrière-garde rangée en bataille près de Güntersdorf (*voyez le plan No.* 87.). Le Maréchal Lannes fit attaquer le centre (*V*) de l'ennemi par la brigade des grenadiers du général Laplanche-Mortier, *A*, et le fit tourner sur sa gauche, *L*, par la brigade des grenadiers du général Dupas, *B*: dans le même tems le Maréchal Soult le fit tourner sur sa droite, *K*, par la brigade du général Levasseur, *C*, de la division Legrand, composée du troisième et du dix-huitième regimens d'infanterie de ligne; pendant que le Prince Murat fit attaquer une partie de la cavalerie ennemie, posté en *F*, par une brigade de dragons, *G*, conduite par le général Walther.

Pour faciliter le succés de ses divers attaques, notre artillerie, placée en *D*, foudroya la cavalerie ennemie *F* avant que la notre l'attaqua, et de l'instant qu'elle fut en desordre et que nos dragons commencerent la charge notre artillerie *D* dirigea tout son feu sur le bataillon russe, *Q*, pour l'empecher de se porter sur le flanc de nos dragons, *G*, ni de nos grenadiers, *A*. La charge du général Walther eut le meilleur succés; ses dragons culbutèrent la cavalerie russe et leur fit quelques prisonniers. L'attaque du général Dupas reussit également; débordant la gauche de l'ennemi et son artillerie légère enfilant les bataillons de son aile gauche, cette aile dût se replier en *M*. Nos dragons, *G*, après avoir culbuté la cavalerie russe se voyant pris en flanc par une partie de l'infanterie de leur aile gauche avant le mouvement qu'elle fit en arrière, vers *M*, dût se retirer hors de la porté de leur feu, ayant même été attaqués par elle à la baionette: mais de l'instant que nos dragons, raliés, eurent vu l'aile gauche de l'ennemi formée de *Q* en *M* et les six bataillons de grenadiers du général Dupas, *B*, après une vive fussillade, marcher vers l'infanterie russe *L*, postée en *M*, au pas de charge les baionnettes en avant, nos dragons *G*, dis je, recommencerent l'attaque et se porterent encore avec impetuosité sur la cavalerie russe, *F*, qui, s'étant raliée et se voyant prise en écharpe par notre batterie *D*, ne pouvant consequament rester dans cette position, s'étoit courageusement portée en avant pour nous attaquer a son tour; la charge fut terrible de part et d'autre et il y eut là une melée excessivement chaude, tandis que les grenadiers du général Dupas, *B*, se mesuroit à la baionette avec l'infanterie russe en *M*.

Les grenadiers du général Laplanche-Mortier, *A*, avoient trouvé une resistance opiniatre sur le centre *V*, de l'ennemi, dont l'infanterie, souvent repoussée à la baionette, revenoit toujours à la charge, étant protegée par sa cavalerie *R* et *Q*, qui s'élança plusieurs fois sur nos grenadiers. Le combat se prolongeoit et étoit toujours indecis, nous attendions avec impatience l'effet de l'attaque du général Levasseur, qui avoit dût faire un detour pour tourner la droite, *K*, de l'ennemi: il étoit enfin parvenu, par *C*, au village *H*, et l'avoit déjà occupé avec une partie de sa troupe, lorsque l'ennemi, s'appercevant qu'il établissoit son artillerie pour battre son aîle, *S*, en écharpe, diriga promptement toute son artillerie *L*, composée de plusieurs obusiers sur le dit village et y mit le feu en plusieurs endroits; c'est ce qui obliga le général Levasseur à retirer les troupes qu'il avoit déjà dans ce village, et comme c'étoit le seule passage par où il pouvoit marcher à l'ennemi, son attaque ne put avoir lieu.

L'aîle droite, *S* et *K*, de l'ennemi étoit couverte par un rideau qui nous masquoit sa force et ses mouvemens; elle s'étoit quelquefois montrée, mais le feu de nos batteries, *E* et *N*, et la vue de notre infanterie *T*, (qui manoeuvrait de manière a faire croire qu'elle alloit entreprendre son attaque, et n'attendoit en effet pour cela que le commencement de celle du général Levasseur), contenoit cette aîle droite de l'ennemi; mais dès l'instant que le général Pangration, qui commandoit cette arrière-garde russe, vit le village, *H*, en feu et qu'il jugea n'avoir rien à craindre de ce côté, il éparpilla sa cavalerie, *O*, sur la crête du rideau et fit marcher toute son infanterie, *S*, qui n'avoit point encore combattue, au secours de son centre et de son aîle gauche, qui depuis longtems chanceloit et ne se soutenoit que par des efforts continuels d'excessif bravoure qui lui coutoit beaucoup de sang, car on se battoit depuis longtems à l'arme blanche. Ce renfort de troupes fraiches ne servit cependant qu'à couvrir la retraite des autres troupes du centre et de la gauche qui, cedant enfin à la valeur des nos grenadiers, furent totalement culbutées et obligées de nous abandonner le champ de bataille, avec douze pièces de canons, une centaine de chariots de bagage, *W*, et plus de mille prisonniers.

Malgré l'obscurité, car il étoit déjà nuit, nos grenadiers poursuivirent l'ennemi, et commencerent un second combat avec l'infanterie, *S*, qui couvroit la retraite des Russes (*Voyez le plan No.* 88.); mais comme nos grenadiers étoient fatigués et la nuit déjà avancé; que l'infanterie ennemie, *S*, n'ayant presque point combattu, etant encore dans toute sa fraîcheur; qu'elle faisoit bonne contenance, se retiroit en bon ordre et alloit gagner les défilés; nous dûmes suspendre toute poursuite et nous borner à leur envoyer quelques volées de coups de canons pour leur souhaiter le bon soir.

Ce combat, qui ne durat que deux à trois heures de tems, fut sanglant et meurtrier: les Russes y montrerent encore beaucoup de fermeté et d'audace et laisserent plusieurs centaines de morts sur le champ de bataille. Notre perte fut aussi sensible et nous eumes beaucoup de blessés parmi lesquels étoit le général de division Oudinot et ses deux aides de Camp: le premier le fut asséz grievement pour ne pouvoir servir de la campagne; Napoléon I. donna le commandement de sa division de grenadiers au général Duroc.

Si le combat n'eut point commencé si tard et que le général Laplanche-Mortier fut parveuu à tourner l'aile droite de l'ennemi, toute cette arrière-garde eut été exterminée ou prise. Les tenebres de la nuit et la nature du terrain favorisa sa retraite qu'elle fit précipitament à travers les défilés de montagnes qui separent l'Autriche de la Moravie; elle fila toute la nuit vers Znaym.

INVASION EN MORAVIE.

Nos armées pénétrerent dans la Moravie, le dix sept. Arrivés sur les hauteurs d'où l'on decouvre les immenses plaines de cette province, nous cherchames des yeux l'armée ennemie croyant la trouver derrière la Teya, pour nous en disputer le passage, couvrir la Moravie et conserver une large communication entre la Bohéme et la Hongrie: mais nous n'apperçumes que des routes couvertes de troupes et de bagages se portant précipitament vers Brunn.

Nos troupes entrerent le dixsept dans Znaym, abandonné par l'ennemi, qui y laissa un grand nombre de malades dans les hôpiteaux. Napoleon I. établit son quartier général, le même jour à trois heures de l'après-midi, dans cette ville où nous trouvames des magasins considerables de farine et d'avoine.

COMBAT DE WOGKOWITZ

LE 18 NOVEMBRE.

PLANCHE XIX. *No.* 89.

Nôtre cavalerie ayant été mise à la poursuite de l'ennemi, l'atteignit, coupa plusieurs de ses petits corps et fit un grand nombre de prisonniers, dans la journée du dixsept et du dixhuit, les belles plaines de la Moravie favoriserent beaucoup les courses de nos troupes legères.

Le dix huit, marchant sur Brünn, nous trouvames toute la cavalerie russe, formant environs cinq à six mille hommes reunie près de Wogkowitz à la jonction des routes de Brünn et d'Olmütz. (*Voyez le plan No.* 89.) Cette cavalerie russe étoit formée en ligne de bataille *L* et *M.* Le Prince Murat fit charger leur aîle gauche, *M*, par la division de cuirassiers du général Hautpoult, *A*; tandis que le Maréchal Bessiers, avec quatre escadrons de la garde impériale *B*, attaquoit leur aîle droite *L.* Ces attaques furent facilités par le feu préalable de nôtre artillerie légère postée en *D* et *E* qui avoit déjà mis les aîles de l'ennemi en desordre. Pendant la charge, nôtre artillerie diriga son feu sur les points *G* et *H* de la ligne ennemie pour l'empecher de se porter sur les flancs de nos corps de cavalerie *A* et *B.* Par cette sage disposition, nôtre cavalerie, quoique ses chevaux fussent fatigués, culbuta facilement les aîles de l'ennemi et attaquerent ensuite le centre de sa ligne en flanc. Alors le onzième regiment de dragons et le quinzième de chasseurs (qui pendant l'attaque des aîles de l'ennemi étoient restés postés en *C*, pour observer son centre et se porter au soutien des corps *A* et *B*, dans le cas où ils eussent étés repoussés,) marcherent promptement aux ennemis et chargerent le centre de leur ligne, qui fut totalement culbutée et mise dans la plus grande deroute; elle se sauva, par la route d'Austerlitz, vers Olmutz.

OBSERVATIONS.

Le centre de l'ennemi ne pouvoit se porter en avant sur le corps de reserve *C*, sans être écharpé par nôtre artillerie *D*, *E*; et c'est au moment où elle seroit parvenue à la ligne *I*, *K*, et infalliblement dans quelque desordre, que nôtre cavalerie *C*, l'eût chargée avec la plus grande *impetuosité*.

Cette cavalerie russe étoit montée et équipée supérieurement, elle montra beaucoup de fermété et d'intrépidité, et laissa environ deux cents hommes sur le champ de bataille; nous lui primes une centainé de chevaux. De nôtre côté nous eumes quelques morts et environ soixante blessés, parmi lesquels se trouvoient le colonel Durosnel du quinzième regiment de chasseurs et le colonel Bourdon du onzième régimeut de dragons.

Cette action prouve que la superiorité du nombre n'est souvent d'aucune utilité lors qu'on se tient sur la deffensive, et que le plus mauvais employé qu'on puisse faire de la cavalerie est certainement de la ranger en ligne de bataille pour attendre le choc de l'ennemi. Cette action prouve également que par une sage disposition d'attaque on peut, sans beaucoup de risque, charger et vaincre une troupe plus nombreuse que la sienne. Enfin cette attaque, ainsi que celle d'Aflang, Numero 82, fait voir qu'il est prudent, lorsque l'on attaque une troupe qui se tient sur la deffensive, de n'engager qu'une partie de ses troupes avec l'ennemi, ayant soin d'inquietter, par un feu vif d'artillerie, la partie de ses troupes qu'on ne charge point, menaçant toujours de l'attaquer par des mouvemens simulés, et la chargant avec la plus grande célérité et vigueur lors qu'on y appercoit du desordre.

PRISE DE BRUNN.

Après le combat de Wogkowitz, le Prince Murat se porta avec une parti de sa cavalerie sur Brünn et entra, le même jour (18) à trois heures de l'après midi, dans cette ville qui étoit abandonnée par l'ennemi, ainsi que sa citadelle, ou château de Spilberg. Nous y trouvames soixante canons, six mille fusils, trois cents mille livres de poudre, une grande quantité de bled et de farine, et des magasins considérables d'habillemens.

La ville de Brünn ne peut-être considerée comme une forteresse, mais elle pouvoit se soustraire à un coup de mains, et encore plus à une prise faite par de la cavalerie. La forteresse ou château de Spilberg, est un caré long regulier, situé sur une montagne dont il occupe toute la capacité; quoi que ses quatre bastions soient de petite dimension, elle étoit suceptible de faire une bonne resistance avec quelques centaines d'hommes de garnison, et pouvoit nous obliger à en faire regulièrement le siège ou nous reduire à un long blocus, c'est-ce qui nous auroit également embrassés. Napoléon I. arriva à Brünn le vingt à dix heures du matin: il visita la forteresse, ordonna qu'elle fut mise dans le meilleur état de défense possible et munie d'une bonne garnison. Ains cette forteresse qui pouvoit nous être extrémement nuisible, devient pour nous un excellent point d'apui.

Le dix neuf, Napoléon I. avoit son quartier général à Pohorlitz (*); le Maréchal Lannes étoit avec son corps d'armée en avant de ce lieu, vers la Schwarza. Le Maréchal Soult, étoit avec son corps d'armée à Meseritsch. Le

(*) Transferé le lendemain à Brünn.

Maréchal Bernadotte avec son corps d'armée et six régimens de Bavarois (4 d'infanterie et 2 de cavalerie), se portoit sur Iglau, aux frontières de la Bohéme.

Le major Bavarois de Rechberg avec cent chevaux légèrs du Prince Electoral, s'empara de cette dernière ville et y fit prisonniers une compagnie d'artillerie, cinquante cuirassiers et plusieurs officiers, il prit une centaine de chevaux et une grande quantité de voitures attelés et chargées de bagages. On trouva dans cette ville un magasin considerable d'avoine.

Nos troupes légères ayant passé la Schwarza se porterent en avant et jusqu'au délà de Wischau vers Olmütz où se rassembloit les troupes Autrichiennes et Russes. L'Empereur d'Autriche y étoit avec sa famile et sa cour dépuis quelques tems. L'Empereur de Russie y étoit arrivé le dixhuit, et l'on y attendoit de nouveaux corps russes conduits par le Grand Duc Constantin, qui y arriverent effectivement le vingt quatre.

R E M A R Q U E S.

Il n'y avoit pas encore deux mois que nos armées avoient passé le Rhin et déjà elles avoient conquise les plus belles, les plus fortes et les meilleurs provinces de l'Empereur d'Autriche; nous étions au centre de sa vaste monarchie; maîte de sa capitale. Toute la Souabe autrichienne, le Tyrol, les provinces Venitiennes, la Stirie, le pays de Salzbourg, l'Autriche et la Moravie étoient en notre pouvoir. Nous occupions Presbourg en Hongrie et Iglau aux frontières de la Bohême. Ulm s'étoit rendu avec trente mille hommes sans resistence. Memmingen avec six mille hommes s'étoit livré à la première sommation sans avoir tiré un coup de canon. La forteresse de Kufstein, considerée comme le plus formidable boulevard du Tyrol, s'étoit rendue sans avoir été attaquée. Les villes fortifiées de Braunau, de Vienne et de Brünn ainsi que la forteresse de Spilberg nous furent abandonnés, nous en trouvames les portes ouvertes! Nous trouvames partout des canons, des fusils, de la poudre, des munitions de guerre et de bouche. Nôtre conquête sembloit se faire par enchantement; et sans le mauvais tems, nous eussions cru faire la guerre dans un pays de Fées, où nous n'avions à combattre que des gens paisibles que nous voulions absolument battre, pour nous amuser et comme partie de plaisir, car ils paraissoient moins disposés à faire resistence qu'à se retirer tranquilement si on leur en avoit laissé le loisir.

Le Maréchal Massena avoit forcé l'Archiduc Charles à évacuer les provinces Venitiennes; il avoit commencé sa retraite le premier de Novembre et se trouvoit retiré dans la Carniole lors que nous entrames dans la Moravie. Les villes fortifiées de l'Italie nous avoient étés abandonnées comme *Braunau* et *Brünn*. Tout nous reusissoit augré de nos désirs, et l'Europe étonné admiroit les prodiges de nos armées, surchargées de gloire; tendisque réelement elles se trouvoient au comble de leurs succés dans un état extrémement critique.

ETAT CRITIQUE DES ARMÉES FRANÇAISES VICTORIEUSES AU COMBLE DE LEURS SUCCEZ.

Pourquoi faisions nous la guerre? Cet n'étoit pas pour conquerir le territoire autrichien, mais pour empecher qu'on ne vienne attaquer le nôtre. Nous faisions la guerre pour rompre cette vaste coalition qu'on venoit encore de former contre nous. Nous ne faisions la guerre enfin, que pour avoir la paix. Déjà deux fois (en 1797 et en 1800), l'Empereur d'Autriche en nous voyant dans ses états marcher vers Vienne, trembla pour sa capitale, et pour que nous n'en approchâmes point se hâta de faire la paix: ce Prince parut vouloir encore, pour une troisième fois, écarter les malheurs de la guerre du coeur de ses états, en envoyant, dès les premiers jours de Novembre, le général Comte de Giulay au quartier-général de Napoléon I. à Linz pour demander une suspension d'armes et la paix. Cette demande étoit trop conforme au désir de l'Empereur des Français pour n'être point favorablement acqueillie si l'Empereur d'Autriche vouloit donner des preuves et des gages de la sincerité et de la solidité des sentimens pacifiques qu'il manifestoit. Napoléon I. exigea comme basse d'une suspension d'armes limitée, „que les troupes russes retournassent promptement dans leur patrie; que l'insurrection hongroise fût congédiée; que le duché de Venise, ainsi que le Tyrol, fussent remis préalablement aux armées françaises."

Tout homme impartial doit convenir, que quelque dur que fussent ces condition, elles étoient dictées par une sage prudence; car, sans cette garentie, la suspension d'armes auroit été toute à l'avantage de l'Autriche et de la coalition, en laissant aux ennemis de la France le loisir de reparer leurs pertes et de reunir toutes leurs forces: et il parut bien ensuite que ce n'étoit que cela que l'Autriche cherchait. François II. ne voulut acquiescer à aucune de ces conditions, et se montra disposé à courir toutes les chances de la guerre, *ce confiant dans la force de ses peuples, et dans les forces encore intactes de ses hauts alliés et amis, l'Empereur de Russie et le Roi de Prusse* (*).

François II. en nous abandonnant sa capitale, l'Autriche et la Moravie; François II. en se retirant avec toutes les troupes qu'il pouvoit ramasser, jusques vers les frontières de la Silesie, paroissoit avoir enfin reçu un bon conseil, celui de nous attirer jusqu'au fond de ses états. Ainsi la paix que nous désirions, la paix après laquelle nous courions avec tant d'ardeur, devenoit pour nous semblable à un fantome qu'on poursuit sans cesse et qu'on n'atteint jamais.

(*) Expressions literales de la proclamation de l'Empereur d'Autriche, publiée à Brünn le treize Novembre: c'est à dire cinq jours avant nôtre entrée dans cette ville.

Si l'on jette un coup-d'oeil sur la carte No. 68, planche XVII, on vera que nôtre grande armée était à Brünn en Moravie dans un espèce de sac, entre la Bohême, peuplée de trois millions d'habitans belliqueux, et la Hongrie qui en comptoit huit millions, d'où il pouvoit sortir tout à coup des armées nombreuses capables de nous envelopper. Nous étions à près de deux cents lieues des frontières de France. Toutes les puissances du Nord faisaient marcher leurs troupes. Cent cinquante mille Prussiens, Hessois etc. s'approchoient de la ligne du Mayn, et manifestoit contre nous des vues hostiles. Nous n'avions alors, à leur opposer, que le corps d'Augereau d'environ vingt mille hommes, posté vers Ulm. Nous n'avions point de magasins, et nous avions conquis sur l'Autriche dix mille lieues carrés de pays (*), peuplés de sept millions d'habitans que nous étions obligé de pressurer pour en tirer les subsistances nécessaires à nos nombreuses armées. Nous étions obligés de garder et de contenir cette immense étendue de pays et ces peuples nombreux, chaque jour plus mécontent et plus aigris par des vexations qu'il étoit impossible d'empecher. Des foules de traineurs, restées en arrière se repandoit dans le pays, commettoient des desordres et des crimes qui deshonnoroient nos armées et pouvoit en compromettre la sureté. Nous ne pouvions presque plus correspondre avec la France. Le Maréchal Massena, après avoir repoussé l'Archiduc Charles hors des pays Venitiens, avoit dû s'arreter à Goritia: il ne pouvoient se porter plus en avant, parce qu'il auroit presenté le flanc à la Croatie où tout est soldat: parce qu'il y avoit de la fermentation dans quelques contrées de l'Italie septentrional et que les Russes et les Anglois qu'on savoit en mer, pouvoit y debarquer à chaque instant, parce que les Autrichiens occupoient encore Venise et les isles voisines qu'ils avoient fortifiées, parce que enfin, le Maréchal Nay ayant recu ordre de porter les principales forces de son armée vers le Danube pour observer les Prussiens, le Tyrol alloit être,

(*) 2450 mille d'Allemagne carrés.

pour ainsi dire, abandonné. L'armée de l'Archiduc Charles, renforcée de celles de l'Archiduc Jean et de celle du général Chateler, s'élevoit à près de quatre vingt mille hommes; elle étoit du côté de Marbourg à quarante cinq lieues de l'armée de Massena et à cinquante de Vienne. Le général Marmont à son approche avoit dû abandonner Gratz et se retirer par Bruck.

Les habitans de Vienne étoient excités à la sedition, il y avoit beaucoup de fermentation. L'Archiduc Charles pouvoit sans obstacle mener son armée de 80,000 h. à Vienne où vers Presbourg et se joindre à l'insurection hongroise. L'archiduc Ferdinand rassembloit tout ce qu'il pouvoit de troupes et de volontaires en Bohême et se tenoit à Czaslau à quinze lieues d'Iglau, à trente de Braunau et à trente six d'Olmütz (*). L'Empereur de Russie, et celui d'Autriche étoient à Olmütz avec quatre vingt mille Russes et Autrichiens, on y attendoit encore de nouvelles troupes.

On conçoit que dans cet état des choses, nous ne pouvions nous porter plus en avant ni nous étendre d'avantage; nous ne pouvions non plus nous retirer (**), et la dificulté de trouver des subsistances pour d'aussi nombreuses armées, depourvues de magasins et rassemblées dans une petite étendue de pays, ne pouvoit nous permettre d'y rester long-tems. Il étoit donc pour nous

(*) Toutes les distances sont en petites lieues de deux mille pas géometrique. Le général Baraguay d'Hilliers étoit revenu, par Passau, en Autriche sans pouvoir rester en observation dans le Haut-Palatinat, entièrement abandonnée. On savoit alors en Bohême que ce n'étoit qu'un gros parti qui avoit pénétré du côté de Pilsen et la frayeur se dissipait.

(**) Si nos armées s'étoient repliées de la Moravie sur l'Autriche, on auroit facilement persuadé alors aux Bohêmes et aux Hongrois que nous avions étés battus; c'est ce qui auroit encouragé et acceleré l'insurection de ces peuples: il en eut été de même des autres provinces Autrichiennes où cela auroit paru d'autant plus croyable que Marmont avoit du reculer, que Massena ne pouvoit avancer et que Nay quittoit le Tyrol.

de la plus grande urgence de battre l'armée Austro-Russe; seul moyen de vaincre l'obstination de l'Empereur d'Autriche. Cette armée cantonnée dans les environs d'Olmütz n'étoit qu'à seize petite lieues de nous: rien ne nous empechait de marcher à elle pour l'attaquer, mais nous avions la plus grande apprehension de lui voir refuser la bataille et se retirer en Silesie, ou en Hongrie; c'est ce qui auroit horriblement agravé nôtre situation. Plus nous avions d'interet à chercher une grande bataille, plus les Austro-Russes en avoit à l'éviter et à prolonger la crise ou nous nous trouvions, et nous devions presumer qu'ils n'étoient ni assez mauvais politiques ni assez mauvais tacticiens pour ignorer cette verité.

Il falut donc chercher tous les moyens possibles d'empécher les ennemis de réculer d'avantage et les determiner, au contraire, à venir nous attaquer. Pour cet effet il falloit leur faire croire que nous étions foibles et craintifs et leurs inspirer une grande presomption de leur force et de leur valeur. Nous enployames donc tous les ressorts secrets de la politique, ainsi que les dispositions militaires usités en pareils cas.

POSITIONS, FORCES ET MOUVEMENS DES ARMÉES.

AVANT LA BATAILLE D'AUSTERLITZ.

Nous avons déjà dit que le Prince Murat étoit arrivé à Brünn le dix-huit Novembre, le même jour où il avoit battu l'arrière-garde Russe à Wogkowitz, qui se retira par la route d'Austerlitz à Wischau.

Ce fut aussi le même jour, dix-huit Novembre, que l'armée Russe de Koutousoff que nous poursuivions depuis cinq semaines fit, conjointement avec quelque corps Autrichiens, sa jonction à Wischau avec l'armée Russe de Buxhoevden. Les forces ennemies, reunies sur ce point, à huit petites lieues de Brünn, étoient alors de plus de soixante dix mille hommes. L'armée ennemie partit de Wischau le vingt-un Novembre et arriva à Olmütz le vingt-deux où elle resta quatre jours, c'est à dire, jusqu'au vingt-sept. Cette armée qui bivouaquoit sous Olmütz avoit plusieurs ponts sur la March et paroissoit toujours sur le point de passer cette rivière pour se porter de plus en plus sur la Silesie, c'est ce qui nous inquietoit beaucoup.

Napoléon I. établit son quartier-général le vingt à Brünn et fit cantonner son armée, forte de soixante dix mille hommes, de la manière suivante. Les gardes à cheval, avec dix bataillons de la garde, dix de grénadiers d'Oudinot et vingt-quatre bataillons de l'armée du Maréchal Lannes dans Brünn et les environs. La cavalerie du Prince Murat cantonna dans les villages, situés à droite et à gauche de la grande route de Brünn à Wischau jusqu'à Posorzitzer (*). Trente-six bataillons et quelques régimens de cavalerie sous le commandement du Maréchal Soult étoient cantonnés depuis Austerlitz jusqu'à Butschowitz, Neu Hwiezdlitz et Stanitz; en sorte que notre armée occupoit une étendue de plus de douze lieues. Quelques régimens de cavalerie furent cantonnés à Wischau et dans les environs. Nos troupes légères firent des courses jusque près de Predlitz, Kremsir, Hradisch et occuperent Gaja et Goding. Elles affectaient de craindre l'ennemi lorsqu'elles l'appercevoient et se replierent toutes sur les cantonnemens de nôtre armée.

Le vingt-cinq, l'armée Austro-Russe fut renforcé d'un corps de dix mille hommes amenés par le Grand Duc Constantin. Le surlendemain, vingt-sept, toute l'armée ennemie partit d'Olmütz pour venir nous attaquer, elle s'avança ce jour là jusqu'à Predlitz. Le vingt-huit, l'avant-garde ennemie, com-

(*) Il ne faut pas confondre Posorzitzer où la Poste de Posorzitzer, qui est sur la chaussée de Rausnitz à Brünn, a quelque distance du village, avec Pesorzitz, autre village à plus de trois mille pas géométriques plus au Nord.

posée de douze bataillon et de quarante escadrons formant un corps de douze mille hommes, se presenta devant Wischau. La cavalerie que nous avions sur ce point se retira à l'approche de l'ennemi et ne laissa qu'une centaine de cavaliers dans Wischau. Cette petite troupe s'y défendit toute la journée arreta la marche de la colonne d'avant-garde qui suivoit la chaussée, et dû finir par se rendre prisonniere. Cette défense simulée avoit pour objet de faire croire à l'ennemi que nous étions surpris par son arrivée et que nous n'étions ni informés de leurs projets ni de leur mouvement.

Notre cavalerie avancée, consistant en une vingtaine d'escadrons, s'étant retirée sur Rausnitz, où nous avions quelque infanterie; elle y fut poursuivie par toute l'avant-garde ennemie, renforcée de vingt-huit escadrons, c'est ce qui en portoit le nombre à soixante huit. Notre cavalerie se retira encore et l'infanterie que nous avions dans Rausnitz s'y défendit jusque dans la nuit. Le soir toute l'armée ennemie vint s'établir en deçà de Wischau. A son approche, le Maréchal Soult, parut surpris de son arrivée et effrayé de sa force; il rapelat toutes ses troupes de leurs cantonnemens, par un signal qu'il donna d'Austerlitz, et après y avoir reuni toute son armée il en partit le vingt-neuf à dix heures du matin se retirant sur Brünn, où Napoléon I. concentra toute ses forces entre Turas et Brünn. L'armée ennemie en arrivant le vingt-huit en deçà de Wischau étoit tellement disposée que toute son infanterie étoit sur sa droite, c'est ce qui nous fit croire que le projet du général Koutousoff, qui la commandoit en chef, étoit de la porter par Ochoz sur Mokra et de prendre positions sur les hauteurs appuyant sa droite à la Zwittawa. Son armée pouvoient y être rendue le vingt-neuf dans la matinée. Là il auroit été inataquable, et auroit pû venir nous attaquer en conservant toujours l'avantage du terrain pour lui; et il auroit pû commencer son attaque le vingt-neuf ou le trente au plus tard, c'est à dire, trois ou quatre jours plutôt qu'il le fit. C'est ce qui nous auroit forcé à la retraite, ne pouvant alors l'attaquer ni accepter la bataille: mais heureusement pour nous! la benigne influence qui avoit fait déterminer les ennemis à venir nous attaquer, fit aussi changer le plan du général Koutousoff. L'armée Austro-Russe, au lieu de se porter le vingt-neuf, par Mokra sur le derrière de nôtre flanc gauche, se porta sur les hauteurs de de Hluboschan et de Kutscheran. Le trente, elle se porta sur Niemtzau et Herspitz. Enfin, le premier Décembre, cette armée vint prendre poste, le soir, sur les hauteurs en avant d'Austerlitz près d'Hostieradeck, Prazen, Blazowitz et Posorzitzer; ayant employée trois jours de marche pour venir se porter le premier Décembre à neuf mille pas géométrique de la position qu'elle occupoit le vingt-huit: distance qu'elle eût pû parcourir en trois ou quatre heures de tems (*).

Du camp d'Olmütz à Austerlitz il n'y a que trente mille pas géométriques: et de nôtre camp de Brünn à Iglau, où étoit le Maréchal Bernadotte, il y a quarante cinq mille pas géométriques. Nous ne fûmes informés positivement que le vingt-huit, que conformement à l'heureuse détermination de l'ennemi de venir nous attaquer, il s'étoit mis en marche le vingt-sept. L'ordre fut aussi-tôt envoyé au Maréchal Bernadotte de venir d'Iglau avec son corps d'armée à nôtre camp de Brünn, où il arriva le premier Decembre. Il fut aussi envoyé ordre au Maréchal Davoust de venir nous rejoindre avec deux divisions d'infanterie et une de cavalerie: ce Maréchal arriva aussi

(*) Le vingt-sept, jour où cette armée parti des environs d'Olmütz, elle fit en quatre heures de tems plus de neuf mille pas géométrique pour venir prendre poste à Kobelnikzek et Keltschitz. L'armée Austro-Russe pouvoit nous attaquer le vingt-neuf dans la matinée, on la fit encore marcher dans la journée du 29 du 30 Nov. et du premier Décembre. Les Russes disent que la disette des vivres étoient si grande dans leur armée, qu'elle ne prit aucune nouriture le 30 Nov, ni le premier Décembre; de sorte que le deux Décembre, jour la bataille, les soldats russes étoient extenués par la faim: et les chevaux si foible qu'il ne pouvoit plus trainer l'artillerie.

à notre camp le premier Décembre avec deux divisions, la troisième, qui étoit celle d'infanterie de Gudin, eût ordre de rester à Nicolsburg, et de n'en partir que le deux Decembre de très grand matin pour se porter sur la gauche de l'ennemi.

La nécessité où nous étions de nous montrer foible à l'ennemi nous obligoient à ne faire venir de renfort qu'à la dernière extremité et de ne les faire arriver sur le champ de bataille qu'au moment du combat.

OBSERVATION.

Déterminer l'ennemi à ne point reculer d'avantage, ni à se porter en Bohême, ni en Hongrie; déterminer l'ennemi, après avoir resté trois à quatre jour à Olmutz, de quitter cette position pour venir nous attaquer; changer à Wischau le plan du général Russe qui pouvoit en quatre heures de marche, jetter sur les derrières de nôtre flanc gauche une armée supérieur alors à la nôtre; faire marcher l'armée ennemie pendant trois jours sans nourriture pour la faire arriver extenuée à une distance de quatre heures de marche; le conduire dans une mauvaise position et donner le tems à nos renforts d'arriver; sont autant de circonstances excessivement heureuses, dont nous sommes redevable à la fortune, ou si l'on veut au plus puissant ressort secret de la politique.

Mais il ne suffissait pas à Napoléon I. de voir les choses arrivés à ce point, il lui faloit une victoire complette, une victoire éclatante, extraordinaire, capable d'étonner l'univers et de dégouter ses ennemis de toute envie ulterieure de lui faire la guerre; il lui faloit de plus une victoire facile qui ne coûtat pas trop de sang à ses soldats.

Une telle victoire ne devoit plus être que le fruit des talens militaires de Napoléon I. et de ceux de ses généraux.

DISPOSITIONS

DES ARMÉES FRANÇAISES ET AUSTRO-RUSSE

POUR LA BATAILLE D'AUSTERLITZ.

PLANCHE XX. *Nos.* 90 *et* 91.

Napoléon I. ayant concentré son armée, le trente Novembre, entre Brünn et Turas, ainsi qu'on le voit indiqué par les lignes ponctuées *A* et *B*, Planche XX. No. 90. avoit laissé quelques troupes à la position de saint Antoine, ainsi qu'aux villages de Schlapanitz, Kobelnitz, Sokolnitz, Telnitz et Menitz. Nos avant-postes furent placés vers Posorzitzer et Krug; en avant de Girschikowitz, et sur les hauteurs de Prazen et d'Aujest. (*Voyez le plan No.* 91)

Le même jour, trente, l'avant-garde russe, forte de quatre mille hommes de cavalerie et de huit mille d'infanterie, sous le commandement du Prince Pangration, arriva à Posorzitzer, ses avant-postes s'avancerent sur la chaussée de Brünn jusqu'à la hauteur de Krug.

Dans le même tems l'avant-garde autrichienne, forte des deux mille quatre cents hommes de cavallerie, sous le commandement du général Kienmeyer, vint s'établir entre Austerlitz et Krzenowitz, ses avant-postes furent poussés jusqu'aux montagnes de Prazen, de Hostieradeck et d'Aujest, et jusqu'à Satschan et Menitz.

Le premier Décembre, il y eut toute la matinée des vives escarmouches entre les avant-postes respectifs, et nous fumes informés que l'armée ennemie faisait un mouvement général en avant pour s'approcher de nous, et nous vimes le soir leurs colonnes venir prendre postes sur les hauteurs d'Hostieradeck, Prazen etc. de la manière qu'on le voit indiqué, par des lignes rouges, sur le plan No. 91. (*Les lignes simples indiquent les troupes d'infanterie et les lignes hachées indiquent les corps de cavalerie; ainsi qu'il est exprimé au bas de la planche et hors du cadre. Dans les six plans de cette planche toutes les troupes françaises sont distinguées par des lignes bleues et toutes les troupes Austro-Russes par des lignes rouges).*

La première colonne ennemie, forte de douze mille hommes d'infanterie, sous les ordres du général russe Dochtorow, vint se former et se poster, sur deux lignes en *A*, sur la hauteur entre Hostieradeck et Aujest.

La deuxième colonne, forte de onze mille hommes d'infanterie, sous les ordres du général russe Langeron, vient se former en *B*, sur deux lignes à la droite de la première colonne, en sorte que ces deux colonnes ainsi formées en lignes de bataille presentaient un corps de vingt trois mille hommes d'infanterie, occupant sur une longueur de plus de treize cents pas géométriques la crête des hauteurs entre l'escarpement de la montagne, entre Hostieradeck et Aujest, et le village de Prazen (*). Ce dernier village couvroit la droite de cette ligne.

La troisième colonne ennemie, forte de dix mille hommes d'infanterie, sous le général russe Przybyszewscy, vient se poster en *C*, sur deux lignes au délà et sur la gauche de Prazen également sur la hauteur et à la droite des deux premieres colonnes. Ce dernier corps occupoit une étendue d'environ six cents cinquante pas géométriques, ou treize cents pas communs.

Ces trois colonnes ainsi formées en lignes presentoit un corps de trente trois mille hommes d'infanterie russe, que nous distinguions très-parfaitement

(*) Nous avons mesuré tout le terrain par pas géométriques, dont chacun fait deux pas communs. Nous avons adopté la même mesure pour le dessin du plan, comme étant la plus commode. Les personnes qui vondront avoir une idée precise de cette bataille pouront se la procurer facilement, sur une campagne quelconque, en figurant les diverses longueurs des corps et les espaces qu'ils ont parcourus; on peut, par exemple, voir la longueur réelle qu'occupoit en *A* et *B* les deux premieres colonnes d'infanterie russe en partant d'un point fix et s'en elloignant de deux mille six cents pas communs.

de la hauteur en arrière de Schlapanitz, éloignée de quatre à cinq mille pas géométriques.

La quatrième colonne forte de seize mille hommes d'infanterie, savoir, sept mille six cents russes et huit mille quatre cents autrichiens, la dite colonne sous les ordres du général autrichien Kollowrath, se plaça sur deux lignes, en *D*, derrière la troisième colonne sur le revers de la montagne, et occupa une étendue d'environ neuf cents pas géométrique de longueur. Ces quatre colonnes formoient un total de quarante-neuf mille hommes d'infanterie.

Un corps de six mille et cinq cents hommes de cavalerie dont environ cinq mille cinq cents russes et mille autrichiens, sous le commandement du Prince Jean de Lichtenstein, vint se placer en *E*, *au bas de la montagne près* du ruisseau de Krzenowitz ayant sa droite vers Blazowitz, occupant une longueur de plus de quinze cents pas géométriques.

Le général autrichien Kienmayer, avec son corps d'avant-garde fort de six mille hommes, vint, le soir vers neuf heures, se poster en déçà d'Aujest, entre ce village et celui de Telnitz. Ce corps étoit composé de trois mille six cents hommes d'infanterie autrichienne (tous Croates) postés en *F*, et deux mille quatre à cinq cents hommes de cavalerie dont mille de Cosaques le reste d'husards autrichiens, cette cavalerie postée en *G*, occupoit avec les 3600 Croates une ligne de plus de mille pas géométriques.

Le corps des gardes impériale russes fort de huit mille cinq cents hommes, dont six mille sept cents d'infanterie et dix huit cents de cavalerie, vint se poster sur les hauteurs en déçà d'Austerlitz au délà du ruisseau de Krzenowitz, sa gauche vers ce village et sa droite vers la grande route d'Austerlitz à Brünn, ainsi qu'on le voit marqué en *H*, sur le plan No. 90.

Le Prince Bagration, avec son corps d'avant-garde russe composé de quatre mille homme de cavalerie et de huit mille d'infanterie, s'avença en deçà de Posorzitzer, Holubitz et Blazowitz, formant une longue ligne ou chaîne *I, K, L,* de plus de trois mille pas géométriques.

On voit que l'armée Austro-Russe ainsi postée vis à vis de nous occupoit une étendue de plus de sept mille pas géométriques de longueur. Que presque toute leur force étoient cependant à leur gauche et consequeament sur nôtre droite. A l'approche de cette armée, nos avant-postes eurent ordre de se replier tous derrière le ruisseau de Girschikowitz et Sokolnitz; on fit aussi revenir le détachement que nous avions à Menitz et nous nous bornames, ce soir à garnir fortement les villages de Telnitz, Sokolnitz, Kobelnitz, Puntowitz, Girschikowitz, etc. Les troupes qui les occupoient, eurent ordre de ne faire sortir aucune patrouille vers l'ennemi, ni de donner aucune signe de vie.

L'Empereur de Russie et celui d'Autriche avoient leur quartier-général à Krzenowitz.

☛ Par la recapitulation des divers corps ennemis que nous venons de nommer, on voit que nous avions en presence une armée de quatre vingt quatre mille hommes; savoir:

Soixante sept mille trois cents hommes d'infantere - -	67,300
{ dont, cinquante cinq mille trois cents russes et douze mille autrichiens. }	
Quatorze mille sept cents hommes de cavalerie - -	14,700
{ dont, douze mille trois cents russes et deux mille quatre cents autrichiens }	

Total. Soixante sept mille six cents russes et quatorze mille quatre cents autrichiens - -	84,000

Outre cette armée, que nous avions en face, il y avoit encore un corps de quatre mille autrichiens, sous les ordres du général de Merveldt près de Lundenburg, sur notre droite à environ vingt mille pas géométriques de Menitz et dix mille de Nicolsburg. Il y avoit de plus un détachement de cavalerie ennemie près de Gross-Niemtschitz, à six mille pas géométriques de Menitz, sur la route d'Austerlitz à Nicolsburg. Mais ces troupes ne parurent point sur le champ de bataille.

Le premier Décembre, dans la matinée, notre armée, de Brünn, n'étoit que d'environ soixante mille hommes d'infanterie et huit mille de cavalerie; mais nous fumes renforcés dans la journée, par environ trente mille hommes, que nous amenerent les Maréchaux Bernadotte et Davoust. Ainsi dans la soirée du premier Décembre nous avions à notre camp de Brünn une armée d'environ quatre-vingt dixhuit-mille hommes; - - - - - - 98,000

savoir;

Quatre vingt sept mille d'infanterie - -	87,000
et environ	
onze mille de cavalerie - - - - -	11,000

Nous avions conséqueament vingt mille hommes d'infanterie de plus que l'ennemi; et près de quatre mille hommes de cavalerie de moins que lui; au total nous avions seize mille hommes de plus.

REMARQUES.

L'ennemi en venant prendre poste, le premier Décembre, sur les hauteurs de Prazen et d'Aujest, n'avoit apperçut que nos avant-postes au délà des défilés; il savoit que nôtre armée étoit concentrée vers Brünn, à six mille pas géométriques, où trois lieues de Prazen, et qu'elle ne s'élévoit pas à soixante dix mille hommes. Il savoit que nôtre position près de Brünn, n'avoit rien de redoutable; il étoit donc persuadé que nous n'y étions concentré que pour nous rétirer, nous porter vers le Danube dans quelques bonnes positions où nous nous serions fait joindre par les corps d'armées des Maréchaux Bernadotte et Davoust, et du général Marmont etc. Ce qui confirma l'ennemi dans cette opinion, fut le grand silence du peu de troupes que nous avions laissé dans les villages susnommés, qui semblait n'être restés là que pour masquer nôtre retraite. Pour le leur persuader encore d'avantage, nos troupes abandonnerent le village de Telnitz pendant la nuit: l'ennemi ne manqua pas de venir s'y établir, et de faire savoir, sans doute, au quartier-général que nous nous retirions.

Ces apparences fortifierent la résolution, où étoit l'ennemi, de venir nous attaquer promptement, ou de nous poursuivre vivement si effectivement nous nous retirions.

Le projet de l'ennemi étoit de porter ses corps *A, B, C, D, F* et *G* formant un total de cinquante cinq mille combattant, sur Telnitz et Sokolnitz, d'en forcer les défilés et de se porter sur Turas, pour nous attaquer dans la position *A, B,* (*voyez le plan No.* 90) tandis que le reste de ses troupes formant un corps de vingt-sept mille hommes viendroit nous attaquer par le défilé de Schlapanitz dès l'instant que le gros de l'armée seroit à la hauteur de Turas.

Tous militaires un peu instruit dans l'art de la guerre appercеveront ici facilement qu'il y avoit une puissance secrete qui poussoit nos ennemis à leur perte avec un aveuglement inconcevable. Ils avoient laissé échaper la plus belle occasion qu'il se soit jamais présentée de vaincre Napoléon I. sans le combattre, pour venir se jetter tête baissé dans un piege trop grossier pour n'être point apperçu par les généraux les moins exprimentés.

Les généraux ennemis devoient considerer, que Napoléon I. avoit toujours suivi la maxime des grands capitaines d'agir offensivement: que jamais il ne s'étoit laissé attaquer (*); qu'il n'avoit pû tout à coup abandonner le plus excellent des systéme; systéme auquel il devoit tous ses succés et la gloire immortelle qu'il avoit acquise; que son armée étoit composée d'officiers experimentés et de soldats aguerris par quinze années continuelle de guerre contre toutes les troupes de l'Europe; et que ce n'étoit point à la tète d'une telle armée, ne fut-elle que de quarante mille hommes, que Napoléon I. se seroit rétiré par la crainte de combattre une armée de quatre-vingt, ni méme de cent mille hommes, dont les deux tiers n'avoient jamais fait la guerre. Ces démonstrations defensives, ces apparences de retraite et de crainte, devoit donc leurs être grandement suspect. Nous avons démontré qu'en effet, toutes les demarches politiques et militaires de Napoléon I. ne tendoient qu'à attirer l'ennemi où il étoit, et où il alloit se précipiter encore. Aussi le vit-il avec une joie inexprimable sur les hauteurs de Prazin et ne put-il s'empécher de s'écrier: „*Enfin cette armée est à moi!*“ En effet, arrivé sur ce point elle ne pouvoit plus lui échapper. La position que l'ennemi occupoit étoit excellente, mais il n'y étoit pas venu pour y rester, et ne pouvoit y rester, la famine l'en auroit bientôt chassé. S'il quittoit ces hauteurs pour venir à nous, il étoit perdu sans resource. S'il vouloit se retirer, ou se porter à droite ou à gauche, nous marchions à lui, nous l'attaquions dans sa marche, et il étoit sûrement battu. Mais c'étoit dans le précipice que nous le vouillons, et voici les dispositions qui furent faites pour l'y attirer et l'y engloutir.

Dès l'instant que la nuit fut assez obscure pour permettre à Napoléon I.

(*) C'est dont on peut se convaincre par la lecture du premier tome de cet ouvrage. A Maringo, où Napoléon I. étoit venu pour attaquer l'armée de Melas, sa premiére division fut prevenu par l'ennemi, aussi fut-il quatre fois sur le point de perdre la bataille.

de faire mouvoir son armée sans être apperçue de l'ennemi, il la porta promptement, et dans le plus grand silence, dans les positions suivantes.

DISPOSITIONS

DE L'ARMEE FRANÇAISE.

POUR LA BATAILLE D'AUSTERLITZ.

PLANCHE XIX. *PLANS Nos.* 90 et 91.

La division d'infanterie du général Legrand fut placée dans le fond de la vallée entre Telnitz et Sokolnitz, derrière le ruisseau. Ce général mit cinq bataillons dans le village de Telnitz (*), deux dans celui de Sokolnitz, et resta avec cinq autres bataillons, en *M*, entre ces deux villages.

La division d'infanterie du général Saint-Hilaire et celle du général Van Damme, furent placées dans le fond de la même vallée, la premiere en *N* et la seconde en *O*, entre Sokolnitz et Kobelnitz. Ce dernier village fut occupé par deux bataillons de la division de Van Damme. Ces trois divisions d'infanterie étoient sous le commandement du Maréchal Soult.

Le Maréchal Bernadotte resta avec la division d'infanterie du général Drouet et celle du général Rivaud en arrière du défilé de Schlapanitz et se porta ensuite, ainsi que nous le dirons, sur la ligne. La première de ces divisions qui étoit celle du général Drouet se plaça momentanement en *P* et celle du général Rivaud en *Q*.

(*) Nos troupes avoient evacué ce village dans la nuit, et les ennemis y étoient entrés. Lors que nous jugeames qu'il y avoient resté assez long-tems pour faire croire que nous nous retirions, nous le fimes reprendre.

Les divisions de hussards et de chasseurs, sous le commandement du général Kellermann, furent placées en *R.* Celles de dragons, sous les ordres des généraux Walther et Beaumont, furent placées en *S.* Toute cette cavalerie légère formant une première ligne appuyée à la gauche du corps du Maréchal Bernadotte.

Les cuirassiers, les carabiniers et la garde imperiale à cheval formant la reserve de cavalerie sous le commandement du Prince Murat furent placée en seconde ligne, en *T.*

La division d'infanterie du général Caffarelli fut placée en *U,* appuyant la gauche de la première ligne de cavalerie. Trois régimens de la division du général Suchet furent placés en *V,* à la gauche de la division de Caffarelli. Le quatrième regiment de la division Suchet, qui étoit le dixseptième d'infanterie légère étoit placée sur la hauteur de Saint Antoine, *X;* position superbe que nous avions fortifiée et garnit de dix-huit pièces de canons. C'est à cette hauteur que s'appuyoit la gauche de nôtre armée.

Dix bataillons de la garde imperiale à pied, commandés par le Maréchal Bessières, furent placés en *W;* et dix bataillons de grenadiers de la division du général Oudinot, le furent en *Z.* Ces vingt bataillons, formant une reserve de quinze mille hommes d'élites, étoient placés sur la hauteur dominante en arrière de Schlapanitz: elle étoit rangée sur deux lignes, les bataillons formés en colonnes, à distance de déploiement, ayant dans les intervalles quarante pièces de canon, servies par les canonniers de la garde. C'étoit avec cette réserve que Napoléon I. avoit le projet de se porter par-tout où il eût été nécessaire. Cette reserve seule valait une armée.

L'on remarquera ici, que toutes les divisions d'infanteries, excepté celle de Legrand, furent rangées sur deux lignes. Un corps de cavalerie fut posté, en *Y,* sur les hauteurs en arrière de Telnitz.

La division de dragons du général Bourcier étoit près du couvent de

Raygern, à plus de cinq mille pas géométriques, derrière Telnitz, et la division d'infanterie du général Friand se trouvoit dans une position intermedière. Ces deux divisions faisoient partie du corps d'armée du Maréchal Davoust, ainsi que celle de Gudin dont nous avons parlé précédament.

La destination de ces divisions étoit d'assurer la droite de l'armée et d'observer les mouvemens que l'ennemi auroit put faire de ce côté et le contenir dans le cas où il seroit venu par la route d'Auspitz. Le Maréchal Davoust, étoit près du couvent de Reygern avec les dragons. On vera par la suite comment son corps d'armée coopera avec les autres troupes au gain de la bataille.

Dans la soirée du premier de Décembre Napoléon I. fit mettre à l'ordre la proclamation suivante.

Soldats!

„L'armée russe se présente devant vous pour venger l'armée autrichienne d'Ulm. Ce sont ces mêmes bataillons que vous avez battus à Hollabrunn, et que depuis vous avez poursuivis constamment.

„Les positions que nous occupons sont formidables, et pendant qu'ils marcheront pour tourner ma droite, ils me présenterons le flanc.

„Soldats, je dirigerai moi-même tous vos bataillons; je me tiendrai loin du feu, si avec votre bravoure accoutumée vous portez le désordre et la confusion dans les rangs ennemis; mais si la victoire était un moment incertaine, vous veriez vôtre empereur s'exposer aux premiers coups; car la victoire ne saurait hésiter dans cette journée, sur-tout, où il y va de l'honneur de l'infanterie française, qui importe tant à l'honneur de la nation.

„Que sous prétexte d'emmener les blessés, on ne dégarnisse pas les rangs, et que chacun soit bien pénétré de cette pensée, qu'il faut vaincre ces alliez de l'Angleterre, qui sont animés d'une si grande haine contre notre nation.

„Cette victoire finira notre campagne, et nous pourrons prendre nos quartiers d'hiver, où nous serons joints par les nouvelles armées qui se forment en France; et alors la paix que je ferai, sera digne de mon peuple, de vous et de moi."

Dans la nuit, Napoléon I. voulut visiter tous les bivouacs. Il répéta aux soldats, sur plusieurs points de la ligne l'instruction suivante.

„Mes enfans, vous êtes sans contredit les plus braves et les meilleurs troupes de l'univers; mais vous pèchez quelquefois par excés d'ardeur. Rappelez vous que les Romains, ces grands maîtres dans l'art de la guerre, punissaient comme un crime capital un succès remporté sans ordre.

„Souvenez-vous que les Français n'ont jamais perdu de grandes batailles, que pour s'être laissé emporter par un courage bouillant.

„Obeissez scrupuleusement à vos chefs comme ils m'obéissent; n'attachez pas une vaine gloire à tirer un grand nombre de coups de fusil, mais appliquez-vous à tirer juste.

„Demain, vous aurez triomphé de ces légions du Nord, qui osent se mesurer avec vous."

La nuit fut très-tranquille; le seul raport que nous reçumes fut que l'ennemi faisoit avancer son artillerie c'est qui augmenta l'assurance qu'il nous attaqueroit. Nous apprimes aussi, qu'outre le piquet de cavalerie ennemie qui resta une couple d'heures dans Telnitz, ses patrouilles s'étoient présentés au village de Sokolnitz: il n'en parut aucune sur le reste de la ligne.

BATAILLE D'AUSTERLITZ

LE 2 DÉCEMBRE.

PLANCHE XX. *PLANS Nos.* 90, 91, 92, 93, 94 et 95.

Le deux Décembre, à la pointe du jour, le ciel étant sans nuage, l'aurore superbe, nos vedettes apperçurent l'ennemi encore sur les hauteurs de Pratzin dans la même position que la veille. Napoléon I. se transporta alors en *V* (*voyez le plan No.* 91 *et* 92) sur la pointe de la montagne la plus rapproché de Kobelnitz pour bien observer les mouvemens de l'ennemi, et donner en conséquence ses derniers ordres aux Maréchaux de l'armée qui l'entouroient. A sept heures du matin, on vit la colonne ennemie *A*, marchant par sa gauche descendre de la montagne dans la vallée qu'arrose le ruisseau d'Aujest, pour se porter sans doute par ce village sur celui de Telnitz; c'est ainsi qu'on en jugea en voyant en même tems la colonne *B*, se porter directement vers la vallée de Telnitz, en descendant la montagne par le ravin ou défilé qui vient déboucher vis à vis de Sokolnitz. Quelque tems après on apperçut la colonne *C*, en mouvement, marchant par sa gauche, traversant le village de Prazin et descendant aussi la montagne, en se dirigeant vers Sokolnitz. Napoléon I. fut alors convaincu que le projet qu'avoit formé l'ennemi, et qui lui étoit connu, n'avoit point été changé, et qu'il commençait a le mettre en exécution; ce prince donna en conséquence ses derniers ordres aux Maréchaux qui se rendirent de suite près de leurs corps. Toute nôtre armée resta dans le calme le plus parfait en attendant le signal du mouvement.

A sept heures et demi des hussards ennemis du corps de Kienmeyer s'avancèrent de *G*, (*Plan* 91) dans la plaine en avant de Telnitz. Le général Legrand fit sortir quelques centaines de tirailleurs de ce village, pour en defendre l'approche; Kienmeyer fit à son tour avancer quelqu' infanterie et là, commença une fusillade très-vive qui n'étoit que le prélude de l'action principale. Les tirailleurs ennemis, qui ne consistaient d'abord qu'en quinze cents hommes, furent bientôt acrus jusqu'au nombre de trois mille six cents, ils étaient soutenus de quelques centaines d'hussards qui se placèrent sur leurs ailes, ainsi qu'on le voit en *YY*, Plan 91.

L'ennemi fit les plus grands efforts pour emporter le village de *Telnitz*, que nos troupes deffendoient avec la plus grande valeur: elles étoient dans ce village au nombre d'environ quatre mille. Il y avoit déjà une heure que ce petit combat duroit avec assez d'acharnement, et il avoit fait perdre aux autrichiens, seuls ennemis combattans, près de mille hommes tués et blessés. Cependant les colonnes Russes ne paroissoient point encore dans *la vallée* et toute l'armée française (*) étoit dans la plus parfaite inaction. Enfin vers huit heures et demi, l'on vit la première colonne ennemie, *A*, déboucher du village d'Aujest; mais comme les deux autres colonnes qui avoient un trajet plus court à parcourir ne paroissoit point; Napoléon I. craignant qu'elle n'eussent reçu contre-ordre et qu'on ne les fit rétrograder sur la hauteur de Pratzen; envoya ordre au général Legrand de laisser pénétrer l'ennemi dans le village de Telnitz et même dans les défilé, a fin que ce petit succès attirat promptement les autres colonnes. Cet ordre fut exécuté avec intelligence; nos troupes paraisant céder aux forces nombreuses de l'ennemi, se retirèrent au délà du défilé et s'y rangèrent en bataille.

Quelque tems après, voyant que les autres colonnes ennemies ne paroissoient point encore dans la vallée, qui s'obscurcissoit de plus en plus par un brouillard très-épais, au point qu'on ne pouvoit plus voir des hauteurs ce qui s'y passoit, il fut ordonné au général Legrand de reprendre le village de Telnitz: ce qu'il executa en quelques minutes. Dans le même instant arriva, sur

(*) A l'exception des cinq bataillons qui occupoient le village de Telnitz.

ce point, le Maréchal Davoust qui accouroit de Closter Raygern, avec la division d'infanterie du général Friand et celle de dragons du général Bourcier, formant un renfort d'environ dix mille hommes.

Il y avoit déjà deux heures que l'attaque de Telnitz avoit commencé sans qu'il eut été encore tiré un coup de fusil de part ni d'autre entre le reste des deux armées. Enfin, vers neuf heures et demi, le brouillard s'étant dissipé, nous apperçumes les têtes des colonnes ennemies *B* et *C* arrivant dans la vallée et attaquant le village de Sokolnitz, alors le signal fut donné aux Maréchaux Soult, Bernadotte et Lannes, ainsi qu'au Prince Murat de ce mettre en mouvement pour executer les ordres qui leur avoient été donnés et dont nous parlerons dans l'instant.

Lors que Napoléon I. vit que les colonnes ennemies *B* et *C* étoient bien engagées dans l'attaque du village de Sokolnitz, il envoya ordre au général Legrand d'abandonner encore une fois le village de Telnitz et de réunir toute sa division derrière le village de Sokolnitz où il avoit déjà deux de ses bataillons; et de défendre ce poste jusqu'à nouvel ordre.

L'ordre fut aussi donné au Maréchal Davoust de se retirer, de derrière Telnitz, sur le point *X*, (*voyez le plan Numero* 92) avec ses deux divisions. En même tems, les dix bataillons de la garde impériale à pied, firent *à droite*, et marchèrent sur la hauteur qui domine Kobelnitz où il fut établit une batterie de canons pour foudroyer les colonnes *B* et *C*.

La première colonne ennemie *A*, jointe au corps de Kienmeyer, et formant ensemble environ dix-sept mille hommes, prit possession du village de Telnitz et du défilé, en deçà duquel elle plaça de la cavalerie et de l'infanterie en bataille avec du canon. Cette colonne, qui ne voyoit aucun obstacle devant elle, n'avança cépendant pas plus avant; attendant sans doute, que celles *B* et *C*, eûssent passé le défilé de Sokolnitz.

Nous ferons ici remarquer, que la colonne ennemie *A* qui occupoit le village de Telnitz et son défilé, conjointement avec le corps de Kienmeyer, étoit, ainsi que nous l'avons dit, d'environ dix-sept mille hommes; que la colonne *B*, se trouvoit, dans la vallée, forte de plus de huit mille cinq cents, et celle *C*, d'environ sept mille cinq cents; (chacune de ces deux colonnes avoit laissé deux mille cinq cents hommes sur la hauteur de Pratzin,) consequamment le nombre des ennemis qui se trouvoit dans la vallée, à Sokolnitz et à Telnitz étoit d'environ trente deux mille hommes; que nous avions sur ce point, pour les contenir, environ neuf mille hommes de la division Legrand; dix mille de celle de Friand et de Bourcier; sept mille cinq cents des gardes, faisant un total de vingt six mille cinq cents hommes, qui, en quelques minutes, pouvoient être renforcés de sept mille cinq cent grenadiers de la division d'Oudinot, restés en *Z*. Ainsi Napoléon I. conserva sous sa main trente quatre mille hommes d'excellentes troupes, avantageusement postées pour faire face aux trente deux mille hommes ennemis enfournés dans la vallée. Nous allons voir l'usage que ce Prince fit du reste de son armée.

L'on doit ici remarquer que la montagne de Prazen s'avance en pointe vers la vallée, en sorte que du village de Sokolnitz, on ne peut appercevoir ce qui sort de celui de Kobelnitz. Napoléon I. tira le plus grand parti de cette disposition du terrain; profitant, en outre, du tems d'obscurité que le brouillard avoit occasionné dans la vallée, pour porter le corps du Maréchal Soult sur le flanc gauche de la Montagne, sans que les ennemis qui étoient dans cette vallée pussent s'en appercevoir.

La division Saint Hilaire *N*, et celle de Van Damme *O*, sous les ordres du Maréchal Soult, traversèrent le village de Kobelnitz à neuf heures et demi: formées en colonnes larges et serrées, elles se dirigèrent à pas lents et en silence, par le fond de la vallée, sur le village de Puntowitz, et de là, tournant à droite, (*voyez leur direction en N et O, Plan Numero* 92) ces colonnes se portèrent rapidement sur la hauteur et vers le village de Pratzen.

Il étoit environ onze heures (*) lorsque le Maréchal Soult arriva sur la hauteur de Pratzen; il y trouva la tête de la colonne ennemie *D* (*marqué A, A, sur le plan No.* 92), qui occupoit déjà ce village et paroissoit être en marche avec toute la colonne pour aller joindre les trois autres qui étoient dans le fond de la vallée. Cette quatrième colonne étoit forte, ainsi que nous l'avons déjà dit, de seize mille combattans; près d'elle étoit les deux Empereurs, Alexandre I. et François II. (voyez leurs places marqués par deux points rouges), ainsi que le général Koutousoff, chef de l'armée alliée: ce général qui marchoit avec gravité pour aller attaquer nôtre armée qu'il croyoit à quatre lieues de là, entre Turas et Brunn, et qui s'imaginoit être éloigné au moins d'une lieue et demi de nos avant-postes, fut très-étonné de voir sa colonne attaquée près de Pratzin par une masse de dix-huit mille hommes d'infanterie qui venoit lui disputer le passage et couper son armée en deux. Le général russe sentit toute l'importance de la hauteur de Pratzin qu'on venoit lui disputer et se disposa à faire les plus grands efforts pour la conserver, comme étant le point duquel dépendoit le salut de son armée.

Nos deux colonnes *N* et *O* avançoient toujours et parvinrent sur le point dominant de la hauteur de Pratzin que l'avant-garde de la colonne ennemie dût abandonner. Le général russe voulut reprendre cette hauteur et fit avancer pour cet effet, les régiments russes de sa colonne qui en formoient la tête et qui consistaient à sept mille six cents hommes; ils attaquèrent nos colonnes par un feu vif et soutenu qui fit cepandent peu d'effet et auquel nos troupes ne repondirent que lorsqu'elles ne furent plus qu'à cinquante pas géométriques (250 pieds ou une quarantaine de toises) de l'ennemi; alors

(*) Les colonnes du Maréchal Soult avoient eu à parcourir dépuis Kobelnitz jusqu'à l'escarpement de la hauteur de Prazen trois mille deux cents pas géométriques: elles y employèrent une heure et demi.

le feu de nôtre infanterie fit le plus grand ravage dans les bataillons russes, qui très-inferieurs en nombre s'obstinoient à nous disputer le terrain, annimés sans doute par la présence de l'Empereur Alexandre qui s'exposoit comme le dernier soldat.

Au milieu du feu le plus meurtrier, nos colonnes se developpèrent et se mirent en bataille sur plusieurs lignes faisant face de tout côtés; car elles se trouvèrent presque enveloppées par l'ennemis dont le nombre augmentoit insensiblement.

Le général russe avoit fait venir deux mille hommes de cavalerie russe, du corps *E*, de Lichtenstein; il avoit de plus trouvé sur la hauteur de Pratzen les deux mille cinq cents hommes d'infanterie que sa deuxième colonne avoit laissés sur le terrain qu'elle avoit occupé la nuit précedente, ce corps fut réuni en *B*, à l'avant-garde russe de la quatrième colonne chassée de Pratzin (*voyez le plan No.* 93).

Il y avoit encore sur ces hauteurs, deux mille cinq cents hommes d'infanterie russe, qui formant la queue de la troisième colonne et s'y étoient arretés en Ͻ. Ainsi le Maréchal Soult qui n'avoit tout au plus que dix-huit mille hommes d'infanterie, se trouva avoir à faire à vingt-trois mille ennemis, dont deux mille de cavalerie: mais ce qui augmenta encore la force des ennemis sur ce point, fut la présence des deux Empereurs, de Russie et d'Autriche, qui s'exposant eux-mêmes aux plus grands dangers, excitaient leurs soldats autant par leurs exemples que par leurs exhortations à combattre vaillament.

Ce fut, en effet, sur ce point que le combat fut le plus acharné, le plus meurtrier et le plus long; car il dura dépuis onze heures jusqu'à une heure, et peut-être eut-il fini à nôtre désavantage, sans les circonstances suivantes. La troupe ennemie surprise et attaquée dans sa marche, n'eut jamais d'ensemble parfait dans ses dispositions; on en peut juger par la vue du plan No. 93. où l'on voit des corps isolés à de grandes distances.

La majeure partie de la colonne ennemie *D*, (*marquée A, A, sur le plan No.* 92) n'étoit composée que de bataillons de dépots autrichiens presque entièrement formés de recrues, qui cependant combatirent avec sang froid et intrepidité, mais qui n'étoient point faits pour lutter victorieusement contre nos troupes vieilles, agueries, rendues invincibles à force de victoire et combattant en masse avec le plus grand ordre. Ce qui contribua encore à la défaite de cette quatrième colonne ennemie fut le mouvement de la division Drouet, *P*, du corps du Maréchal Bernadotte, qui, s'avançant en colonne large et serrée sur la droite de Blasowitz, menaça de couper la quatrième colonne ennemie de la droite de son armée, comme elle l'étoit de la gauche (*voyez cette colonne marquée P, sur le plan No.* 92). Ainsi donc, malgré les efforts reitérés de la plus grande bravoure que firent constament les Austro-Russes sur ce point pendant deux heures que durat le combat de Pratzen, cette quatrième colonne fut finalement repoussée et obligée de se retirer jusqu'au bas de la montagne, en laissant sur la hauteur environs quatre mille tués et blessés, quelques centaines de prisonniers et presque toute son artillerie. Le Maréchal Soult ne devant point abandonner les hauteurs, ne fit pas poursuivre l'ennemi, il se contenta de le faire foudroyer dans sa retraite par son artillerie.

Pour ne point embrouiller le recit de cette bataille et en donner une idée nette, nous avons cru devoir nous borner aux faits généraux et essentiels, et les exposer, autant que possible, chacun séparément. Nous avons laissé les trois premieres colonnes ennemies dans la vallée, bien observées: Nous laisseront présentement la quatrième se sauver et se rallier comme elle pourra, et le Maréchal Soult victorieux sur la hauteur de Pratzin, pour exposer ce qui se passoit à la gauche de l'armée française pendant le long combat de Pratzen.

Après que le Maréchal Soult se fut mis en mouvement pour se porter de Kolbenitz sur Pratzen, le Maréchal Bernadotte, un peu avant dix heures, s'ébranla avec la division de Drouet *P*, et celle de Rivaud *Q*, passa le ruisseau de Cirschikowitz et se diriga sur le village de Blasowitz (*voyez le plan No.* 92). Le Prince Murat s'avança en même tems, sur la gauche du Maréchal Bernadotte avec les hussards *R* en première ligne, sous le commendement du général Kellermann, et la reserve *T* en seconde ligne. Le Maréchal Lannes avec la division de Caffarelli *U* et trois régiments de celle de Suchet *V*, s'avança sur la gauche du Prince Murat se dirigeant par la route d'Austerlitz, vers le village de Krugh, avec les dragons du général Walther. Ceux du général Beaumont furent postés en avant de Cirschikowitz et dirigés ensuite vers Sokolnitz. Toutes ces troupes, excepté la division de Beaumont, formant un total de plus de quarante mille hommes, s'avancèrent en ligne vers Blasowitz et Krugh.

La division Drouet *P*, formée en colonne se dirigea sur la droite de Blasowitz, et inquiéta la queue de la quatrième colonne russe. La division Rivaud et les hussards de Kellermann, arrivant sur la ligne de Blasowitz à Holubitz, trouvèrent le corps de reserve russe composé des gardes à pieds *A*, et des gardes à cheval *B*, qui, commandés par le Grand Duc Constantin, arrivoit sur le terrain et s'y formoit; l'infanterie forte de six mille sept cents hommes en première ligne; et la cavalerie consistant en dix-huit cents hommes, en deuxième ligne. Le Grand Duc, en arrivant avec sa troupe, fut très-surpris, au lieu de se voir en arrière-garde, de se trouver pour ainsi dire aux avant-postes et en présence de quarante mille Français. Le Prince Jean de Lichtenstein arrivoit en même tems sur le terrain avec sa cavalerie, qui ne consistoit plus qu'en quatre mille cinq cents hommes (*): dès qu'il vit des forces françaises aussi considérables ménacer la reserve du Grand Duc et la

(*) On a vu qu'il en avoit envoyé deux mille au secours de la quatrième colonne.

gauche de Bangration, il fit promptement passer mille hommes de cavalerie en *C*, à la gauche du village d'Holubitz, pour renforcer la gauche de Bangration et la droite du Grand Duc, et il fit ensuite avancer le reste de sa cavalerie, consistant alors en trois mille cinq cents hommes pour soutenir la gauche du Grand Duc. Ainsi nos hussards, en arrivant sur la ligne d'Holubitz à Blasowitz, se virent en présence de plus de six mille hommes de cavalerie ennemie; et d'environs sept mille gardes du corps à pied l'élite des troupes russes. Ces treize mille hommes occupoient une excellente position: sur une hauteur dominante et appuiés aux villages susmentionnés garnies d'infanterie. On envoya contre l'ennemi les tirailleurs de la division Rivaud ainsi que quelques hussards de Kellermann pour l'attirer hors de sa position. Cette provocation eut son effet: un corps de mille Uhlans, qui venoit de se former en *D*, partit comme un trait pour venir fondre sur nos hussards, en suivant la direction des deux lignes ponctuées qu'on voit sur le plan No. 92: nos hussards à l'approche des Uhlans se retirèrent derrière l'infanterie *Q* et *U*; celle-ci faisant à gauche et à droite prit la cavalerie ennemie entre deux feu et fit un grand ravage parmi les Uhlans, qui, emportés par un courage mal dirigé, furent se jetter sur nôtre seconde ligne de cavalerie *T*, qui les reçut avec fermeté et les repoussa vivement: jettés ainsi dans un desordre complet, cette cavalerie russe en repassant entre nos divisions *Q* et *U*, qui faisaient face sur leurs flancs, fut une seconde fois foudroyée par un feu de mousqueterie et d'artillerie chargée à mitraille qui en étendit la moitié sur le carreau; le reste se sauva par la fuite, et passant sur la droite des gardes russes à pied *A*, elle fut se rallier derrière le village de Holubitz.

Après la défaite des Uhlans, la seconde ligne *T*, de nôtre cavalerie soutenue par les tirailleurs des divisions *U* et *Q*, se porta en avant contre la ligne *A* des gardes à pieds russes; celle-ci forte d'environ sept mille hommes, conduite par le Grand Duc Constantin s'avança avec intrepidité descendit la hauteur et fit replier nos tirailleurs. Cette ligne des gardes fut alor aux prises avec l'aîle gauche de la division *Q* et l'aîle droite de la division *U* dans l'intervalle desquelles étoit nôtre reserve de cavalerie *T*. Ici s'engage un nouveau combat par une canonade vive et meurtrière; la garde à pied russ fut criblée de mitraille, sans qu'on put la faire reculer d'un pas. Enfin le Ma réchal Bessières apperçevant quelque vacillation dans la ligne ennemie, qu horriblement fondroyée, n'étoit aucunement appuiée, la chargea avec la gard impériale à cheval les cuirassiers et les carabiniers. Les gardes russes à pie osèrent attendre de pied ferme, le choc de nôtre cavalerie qui eut peut-êtr été victime de cette froide et audacieuse résistance de la ligne ennemie, s nôtre artillerie qui l'avoit criblée ne lui avoit oté toute consistance. La lign des gardes russes à pied fut culbutée, sabrée, mise en fuite et poursuivie jus qu'à la seconde ligne *B*, composée de la garde à cheval russe: celle-ci, vo yant la déroute de son infanterie se porta enfin en avant pour la sauver, e conduite par le Grand Duc Constantin, elle se précipita sur le flanc de nôtr cavalerie et sur quelques regiments de la droite de la division *U*. Il y eut i une mêlée fort chaude qui coûta beaucoup de sang aux deux partis, finale ment les gardes russes à cheval furent repoussés et nos troupes se portèrent e avant sur la hauteur pour attaquer de nouveau les gardes russes à pied qui s reformoient en A sur la hauteur, (*voyez le plan No.* 95) ainsi que la gard à cheval déjà reformée en *B*. Dans le même temps le Maréchal Bernadott s'avança avec la division Drouet *P*, et celle de Rivaud *Q*, vers les débris d la quatrième colonne qui se rallioit en *D*, sous la protection du reste de l cavalerie du Prince Jean de Lichtenstein, *E*, *E*. Le Maréchal Bernadott fit attaquer le village de Blasowitz qui servoit de point d'appui et de pivot à l ligne ennemie *B*, *A*, *E*, *D*, *E*, qui alors presentoit encore une force d'enviro vingt-trois à vingt-quatre mille hommes. Le village de Blasowitz très-vaill ment défendu fut emporté; dès lors, nôtre ligne *U*, *T*, *T*, *Q*, *P*, d'enviro trente mille hommes se porta en avant: les corps ennemis *E*, *D*, *A*, fortement canonnés se retirèrent en grande hâte. Nôtre cavalerie *T*, chargea encore les gardes Russes à pieds *A*, dans leur mouvement de retraite. Alors ceux à cheval *B*, vinrent au secours de leur infanterie et se trouvèrent de nouveau aux prises avec nôtre garde impériale à cheval qui culbuta encore l'ennemi et l'obliga à suivre précipitament la retraite des corps *A*, *E*, *D*.

Nous avons dit que le Prince russe Bangration avec un corps de huit mille hommes d'infanterie et quatre mille de cavalerie occupoit une ligne de plus de deux mille pas géométrique de long, depuis Holubitz jusqu'au délà de Posorzitzer, que le Prince de Lichtenstein l'avoit renforcé de mille hommes de cavalerie postés en *C*, sur sa gauche et à droite d'Holubitz, nous avons dit aussi, qu'environ cinq cents Uhlans (débris des mille, qui s'étoient venus jeter sur nôtre reserve *T*) s' étoient sauvés et ralliés derrière cette cavalerie *C*; consequeament le corps de Bangration se trouvait fort de treize mille cinq cents hommes, dont cinq mille cinq cents de cavalerie. C'est contre ce corps de treize mille hommes que le Maréchal Lannes dirigea toutes ses attaques avec la division de Caffarelli et trois régiments de celle de Suchet, soutenues par la division de dragons de Walther: formant un total d'environ dix-sept mille hommes, dont quinze à seize cent de cavalerie.

La grande quantité de cavalerie qu'avoit le Prince Bangration, obligoit le Maréchal Lannes à manoeuvrer avec circonspection et à tenir son infanterie en masse; il ne pouvoit s'avanturer et devoit se diriger suivant les mouvemens du Prince Murat et du Maréchal Bernadotte; et l'on a vu comment la division de Caffarelli *U* coopéra aux succès de nôtre reserve, *O*, à la défaite des gardes russes.

La cavalerie *C*, du prince Bangration vint attaquer plusieurs fois celle de Walther ainsi que la gauche de Caffarelli et la droite de Suchet (*voyez le plan No.* 94), mais chaque fois elle fut repoussée avec perte, et finalement attaquée à son tour. Bangration avait tiré beaucoup de cavalerie de sa droite pour renforcer sa gauche, toute la cavalerie ennemie *C*, se trouva alors portée à près de trois mille hommes et consequament trop nombreuse pour que Walther put lutter avantageusement contre elle. Une circonstance qui augmentoit la force de la gauche de Bangration étoit, outre l'avantage d'un terrain plus élevé, l'appui que lui procuroit les deux villages d'Holubitz et de Kurgh qu'il avoit fait occuper et fortement garnir par ses chasseurs.

Dès l'instant que la division de Caffarelli ne fut plus trop occupée de ce qui se passoit à sa droite et qu'elle put agir de son côté avec liberté, le Maréchal Lannes fit attaquer les villages de Kurgh et d'Holubitz, qui, malgré la plus vigoureuse resistence, furent emportés. Bangration ayant perdu cet appui et voyant le corps du Grand Duc en pleine retraite fut contraint d'effectuer la sienne, profitant de sa nombreuse cavalerie pour la couvrir, ainsi que celle du Grand Duc et des autres corps alliés.

Après que le Maréchal Soult eut défait la quatrième colonne russe *D*, (*) qu'il l'eut repoussé jusqu'au pied de la montagne et qu'il fut resté maître des hauteurs de Pratzin, et dans le même temps que le Prince Murat et le Maréchal Bernadotte attaquoient le Grand Duc Constantin, Napoléon I. quitta les hauteurs de Kobelnitz, traversa ce village avec les vingt bataillons de la reserve et se porta sur la crête de la hauteur de Pratzen en étendant ses vingt bataillons sur une seule ligne depuis ce village jusqu'à l'escarpement de la montagne, entre Hosdieradek et Aujest, ainsi qu'on le voit marqué par la ligne bleue *W*, *Z*, sur le plan No. 95. L'Empereur Napoléon I. étoit au centre de cette ligne, où l'on voit un point bleu. Les deux Empereurs Alexandre I. et François II. étoient alors, près des débris de leur quatrième colonne qu'ils s'efforcoient de rallier; on voit la place où ils étoient, indiquée par deux points rouges (même plan 95). Ainsi, au fort de la bataille, les deux Empereurs de Russie et d'Au-

(*) Marquée *A.A.* sur le plan No. 92.

triche, n'étoient pas à deux mille pas géométriques de l'Empereur des Français.

Lorsque Napoléon I. arriva, avec sa reserve, sur les hauteurs de Pratzen, le Maréchal Soult qui les occupoit, se porta sur les extremités de ces montagnes; la division Van Dammes se plaça en *O*, au dessus du village d'Aujest et la division Saint Hilaire *N*, fut se placer sur l'extremité de la hauteur que les deuxièmes et troisièmes colonnes ennemies avoient descendue à neuf heures du matin, pour se porter dans la vallée de Telnitz et Sokolnitz. (*Voyez le plan No.* 95).

Il étoit environ une heure et demi; la quatrième colonne ennemie, le corps de reserve du Grand Duc Constantin, et celui d'avant-garde du Prince Bangration, formant un total d'environ cinquante mille hommes étoient totalement battus repoussés et chassés du champ de bataille: mais il restoit encore environ trente mille Austro-Russes dans la vallée de Telnitz et de Sokolnitz qui y luttoient dépuis quatre à cinq heures de tems contre la division Legrand. Celle-ci, forte de moins de neuf mille hommes, se maintenoit derrière Sokolnitz attaqué par quinze mille Russes, qui, n'avançant point, tenoient en suspens les quinze mille hommes de la première colonne ennemie déjà maitresse depuis plus de deux heures du village et du défilé de Telnitz. (*Voyez le plan No.* 93). C'est ici l'endroit où se termina la bataille, par la plus sanglante et la plus affreuse catastrophe. (*Voyez le plans Numeros* 93 et 95).

La deuxième et la troisième colonne ennemie qui attaquerent le village de Sokolnitz, au lieu de l'emporter brusquement s'étoient amusés à le canonner et l'avoient presque détruit; le général Legrand y avoit enfin laissé pénétrer l'ennemi. Les deux colonnes y entrant à la fois s'y croisèrent et s'y embrouillèrent. Le général Legrand qui avait à dessein laissé passer une partie des ennemis en déçà du village en fit prisonniers quelques centaines avec un général. Si l'on jette un coup d'oeil sur le plan No. 95. on verra que les trente mille ennemis enfournés dans la vallée de Telnitz et de Sokolnitz se trouvèrent, à deux heures de l'après midi, entourés par cinquante mille hommes (*) qui occupoient toutes les hauteurs qui les environnaient.

Le général Legrand voyant la division Saint-Hilaire *N*, sur le derrière de l'ennemi et les dragons de Baumont *R*, venir de Kobelnitz, fit passer le ruissau à deux de ses régiments, sous les ordres du général Franceschi et envelopper le village de Sokolnitz où il fit six mille Russes prisonniers avec un général. Le reste des deux colonnes ennemies qui attaquoient ce village prirent la fuite et, poursuivi par nos dragons, ils furent se jeter sur la première colonne qui se retiroit du défilé et du village de Telnitz. Cette première colonne qui n'avoit point été inquieté et se retiroit en ordre sauva les debris des deux autres; mais voulant se retirer elle-même par Aujest qui étoit la route qu'elle avoit tenue en venant, elle fut assaillit dans ce village par la division Van Damme et y perdit, outre un grand nombre de morts et de blessés, environ quatre mille prisonniers. Le reste des ennemis ne pouvant se sauver par Aujest, serrés, canonnés de tout côté, et jettés dans un extrême desordre voulut se retirer par le pont *V* (*plan No.* 91) qui se rompit. Les généraux ennemis firent les plus grands efforts pour rallier leur troupes et les ranger sur la hauteur *g*, afin de faciliter leur retraite par la digue étroite *o*, (*plan* 91) de l'étang de Satschan, et firent avancer leur cavalerie en *q*, pour arrêter la nôtre. Cette dernière voyant qu'elle ne pouvoit pénétrer par cette vallée étroite se porta par un circuit (*ponctué sur le plan* 95) sur la droite de la division Van Damme, esperant pouvoir de là tomber sur le derrière ou le flanc de la cavalerie ennemie qui faisoit toujours bonne contenance malgré la grêle de

(*) En y comprenant la reserve *W*, *Z*, les divisions *ONM* de Soult et celle de Friand et de Bourcier *Y* du corps du Maréchal Davoust et les dragons de Beaumont *R*.

mitraille qu'on faisoit pleuvoir de tout côté sur elle, mais la nature du terrain s'opposa encore à l'attaque projetée par nôtre cavalerie.

L'infanterie ennemie, fondroyée aussi par nôtre artillerie, ne pouvoit passer la digue que lentement, des soldats impatients voulurent passer sur la glace de l'étang qui, n'étant point fortement gelé, se rompit et engloutit un grand nombre de ces malheureux. Enfin il y eut dans cette vallée tant d'ennemis, pris, tués et blessés, que de plus de trente mille qu'ils étoient, il n'en échapa pas douze mille. Ils y perdirent aussi presque tous leurs canons et leurs caissons.

Les débris des trois premieres colonnes ennemies *A, B, C,* échapés de la vallée de Telnitz se sauverent vers Ottnitz, Maunitz et Neuhof où ils se remirent un peu en ordre et firent ensuite leur retraite par Boschowitz pour gagner le chemin de la Hongrie; marchant toute la nuit par une forte pluie qui acheva de dégrader les chemins. Le peu de canons qui leur restoit furent embourbés et abandonnés.

La quatrième colonne des Austro-Russes, leur cavalerie, leur corps de reserve et celui du Prince Bangration, ayant étés finalement chassés des hauteurs de Pratzen, Blasowitz, Holubitz et de celle de la poste de Posorzitzer, se retirerent à Hodiegitz situé derriere et à trois mille pas géométriques d'Austerlitz, c'est à dire à la distance de huit mille pas géométrique des hauteurs de Pratzen et de Blasowitz. Il ne resta sur les hauteurs en avant d'Austerlitz, à deux mille pas géom. de Blasowitz, que quelques détachemens de cavalerie ennemie qui en partirent après minuit.

Les Austro-Russes perdirent dans cette bataille un grand nombre de drapeaux, plus de cent cinquante canons avec leurs caissons et environs vingt six mille hommes tués, blessés et prisonniers: le nombre de ces derniers surpassa dix-huit mille.

Nous ne jugames point à propos de faire poursuivre de suite l'ennemi, d'abord par des raisons politiques; parceque la nuit approchoit; que le tems étoit à la pluie; que les ennemis divisés en plusieurs corps avoit commencé leur retraite sur une ligne de plus de douze mille pas géométriques d'étendue; que nous ne savions pas si l'ennemi se retiroit vers Olmütz ou vers la Hongrie; parce que la cavalerie ennemie, très brave, étoit encore supérieure en nombre à la nôtre et occupoit d'excellentes positions; parce que le grand nombre de prisonniers que nous avions fait nous obligoit à faire un gros détachement pour les garder et les conduire à travers un pays ennemi etc.

ETAT CRITIQUE DES ARMÉES FRANÇAISES
APRÈS LA VICTOIRE D'AUSTERLITZ.

Nous eûmes sans doute mille graces à rendu à la fortune de nous avoir procuré une victoire aussi facile, aussi complette et aussi éclatante, mais elle ne pouvoit avoir de prix à nos yeux qu'autant qu'elle contribueroit à nous donner la paix avec l'Autriche et consequament avec le reste de l'Europe. C'étoit le plus ardent et même le seul désir de Napoléon I. Rassasié de victoire et de conquêtes il n'en vouloit plus, élles lui devenoit même odieuse, puisque pour les obtenir il devoit voir couler à grands flots le précieux sang de ses sujet; et qu'il n'ambitionoit plus d'autre gloire que celle d'être le Pere Bienfaisant et Cheri du Peuple Français, et non d'en être lè boucher.

La felicité personelle de Napoléon I. le bien-être de son Empire, le sort de ses armées, celui-même de l'Europe entière, dependoient moins de cette victoire que de la détermination qu'elle feroit prendre à l'Empereur d'Autriche et à celui de Russie.

En admetant que l'armée Austro-Russe, forte avant la bataille de quatre vingt quatre mille hommes, en eut perdu en tués, blessés et prisonniers, trente quatre mille: il lui en restoit donc encore cinquante mille, qui se raliant et se reunissant au corps de dix mille Russes du général Essen, qui n'étoit qu'à deux journées d'Austerlitz, pouvoit encore presenter une force reunie de soixante mille combattants.

Nous avions perdu dans cette bataille environ huit mille hommes tués ou blessés; nous ne pouvions nous porter en avant sans laisser environ douze mille hommes, pour escorter les prisonniers, les blessés et assurer nos derrières et nos flancs. Nous devions en outre renvoyer le corps de vingt mille hommes du Maréchal Augereau aux frontières de la Bohême; ainsi, étant reuni à la division de Gudin, nous ne pouvions nous porter en avant qu'avec soixante dix mille hommes, force à la vérité supérieure à celle de l'ennemi tant pour le nombre que pour la qualité, mais nous ne pouvions nous avancer sans nous affoiblir, tendis que les ennemis en reculant pouvoient être renforcées de troupes nouvelles et nombreuses.

En supposant même que nous fussions promptement parvenus à detruire, en une ou plusieurs bataille, ces soixante mille Austro-Russes, toujours est il certain que nous ne pouvions tuer beaucoup d'ennemis sans perdre nous même beaucoup de soldats; et deux ou trois victoire pouvoit équivaloire pour nous à une défaite complette. Admetons encore une victoire facile qui nous eut procuré quarante à cinquante mille prisonnier, alors il eut falu la moitié de nôtre armée pour les contenir et les escorter.

Supposons finalement l'armée de soixante mille Austro-Russes anéantie et la nôtre encore aussi nombreuse et plus rédoutable qu'elle n'étoit sur le champ de bataille à Austerlitz; qu'aurions nous pu en faire si François II. et Alexandre I. échapés, s'obstinoit à ne point vouloir faire la paix? Bernadotte reuni aux Bavarois, pouvoit-il conquerir la Bohême, et même resister aux forces nombreuses que ce royaume, enfin stimulé, pouvoit mettre sur pied? Les troupes que nous avions dans l'Autriche et la Styrie étoit-elles suffissantes pour faire tête à l'Archiduc Charles, ou même resister simplement contre un soulevement général qu'on excitoit et qui paroissoit déjà se manifester? Après avoir anéanti l'armée de Moravie il nous auroit donc falu marcher contre celle de l'Archiduc Charles; mais celle-ci se seroit retiré en Hongrie où, déjà forte de quatre vingt mille excellents soldats, elle eut été jointe par une armée nombreuse d'insurgés valeureux: pouvions nous l'y suivre, dans ce pays gras et boueux au coeur d'un hiver pluvieux? dans ce pays où nous eussions perdu la majeur partie de nôtre armée par la malignité du climat et l'intemperie de la saison? dans ce pays, où obligé de pressurer les peuples nous nous en eussions fait des ennemis d'autant plus redoutables que déjà très intrepides hors de leurs pays, leur courage se fut multiplié pour defendre leurs proprietes, leurs familles et leurs foyers.

Enfin le prolongement de la guerre et du séjour de presque toutes nos forces (*) dans les états de l'Empereur d'Autriche ne pouvoit finalement que nous être excessivement nuisible, et donner beau jeu au reste de la coalition. Les Prussiens, les Russes, les Suedois, les Anglois, les Saxons, les Hessois et autres troupes du Nord reunies, étoient plus que suffissantes pour attirer toute nôtre attention, d'autant plus que cette ligue redoutable pouvoit nous couper toute retraite par l'Allemagne et nous obliger à retourner en France par l'Italie.

Nous avions conquis sur l'Autriche dix mille lieues carrés de pays et subjugés sept millions d'habitans; mais il restoit à François II. plus de trente quatre mille lieues carrés de pays et plus de dix-sept millons de sujets: et quand nous lui en eussions encore pris la moitié, toujours lui en eut-il resté encore suffissament du reste pour pouvoir réconquerir, dans la circonstance d'une guerre générale, tout ce qu'il eut perdu.

Il est donc évident que si François II. eu imité Marie Thérese et Frederic II. que les succès de nos armées ne les eussent conduit qu'a une funeste catastrophe. Que l'on ne conclue pas de tout ceci que leurs chefs les aient

(*) Quant à la qualité des troupes.

temerairement hasardés, l'experience leurs avoient apris combien ils devoient compter sur l'extrême bonté dont le ciel a doué François II. Leur espoir ne fut point trompé, ce Prince vit toute l'étendue des maux qui accableroit ses sujets aussi bien que nos soldats, et n'ésita plus à consentir à faire la paix avec la France. Dans la même nuit qui suivit la bataille d'Austerlitz le Prince Jean de Lichtenstein vint proposer la paix à Napoléon I. et demander un armistice. Ce Prince acquiesca à tout ce que François II. paroissoit désirer: mais comme les troupes autrichiennes ne composoient que la plus petite partie de l'armée ennemie, et que l'armistice général qu'on eut accordé, eut pu n'aboutir qu'à sauver environ cinquante mille Russes qui, retiré en Hongrie, réorganisés et renforcés, eussent mis de grands obstacles à la paix; Napoléon I. n'acquiesca aux demandes de François II. qu'à la condition expresse que les Russes s'en retourneroit, sans delai, dans leur pays. Napoléon I. fit demander une entrevue à François II. pour conclure promptement, et pris toutes les mesures militaires qui pouvoit le mettre à l'abri de toute supercherie. Il fut en consequence donné ordre à toute l'armée de se mettre à la poursuite des Russes.

POURSUITE DE L'ARMÉE RUSSE.

L'armée ennemie qui s'étoit retiré à Hodiegnitz en partit après minuit et marcha, ainsi que les debris des trois premières colonnes, par la route de la Hongrie sur Czeitsch, où elle arriva dans la matinée (du 3 de Decembre). L'arrière-garde étoit composé d'Autrichiens échapés de la vallée de Telnitz, sous les ordres du général Kienmayer.

Quelques détachemens de nôtre cavalerie avoient étés poussé dés le soir de la bataille sur Rausnitz et Wischau, où ils ne trouverent que quelques fuiards; ils suivirent cette route jusqu'à Prosnitz, firent un butin immense et s'avancerent ensuite jusqu'à Kremsir.

Le Maréchal Lannes suivit d'abord le 3, ainsi que le Prince Murat, la même route, et se porta ensuite par Butschowitz et Stanitz sur le flanc de l'armée russe.

Les Maréchaux Soult et Bernadotte, les gardes impériales et les grenadiers d'Oudinot s'avancèrent, le trois, à la pointe du jour, sur la route de la Hongrie.

Le Maréchal Davoust marcha sur la route de Nickolsbourg, où étoit la division Gudin, et se porta avec toutes ses forces, jusqu'à Josephsdorf à huit mille pas géométriques de Goding.

Le trois vers deux heures de l'après-midi il y eut un petit combat qui dura une couple d'heures entre nôtre avant-garde et l'arrière-garde russe, cette action fut peu importante pour l'un et l'autre parti. Le quatre, toute l'armée russe avoit passé la March et étoit reunie à Hollitsch, sans que nous eussions pu l'entamer dans sa retraite. Là sa position étoit forte et l'armée pouvoit en la défendant donner à ses troupes les plus fatigués ainsi qu'aux bagages qui lui restoit, le tems de s'enfoncer dans la Hongrie.

La suspension d'arme fut publié le quatre, et le même jour les deux Empereurs de France et d'Autriche eurent une entrevue de deux heures, en plain air, près d'un moulin, à côté de la grande route. Napoléon I. retourna ensuite à Austerlitz et François II. à Czeitsch.

Dans cette entrevue les deux princes convinrent des bases de la paix et l'Empereur d'Autriche promit que les Russes retourneroit de suite dans leurs pays.

Cette convention ayant été porté le même jour à la connoissence de l'Empereur de Russie, ce prince acquiessa aux désirs de son allié et donna à son armée les ordres de marche pour retourner en Russie. La paix se conclue definitivement quelques semaines après à Presbourg entre l'Autriche et la France; les conditions en sont trop conues pour qu'il soit necessaire de les rapporter ici. Il nous suffira de dire que la paix ayant été faite avec l'Autriche, la coalition fut pour ainsi dire aneanti et la guerre continentale terminé.

OBSERVATION SUR LE GRAND NOMBRE DE REMARQUES QU'ON A FAIT SUR LA BATAILLE D'AUSTERLITZ.

Il a déjà été fait un grand nombre de remarques sur la bataille d'Austerlitz et sur les pretendus fautes qui, commises par les généraux Austro-Russes, la leur fit perdre. Nous ne grossirons point inutilement cet ouvrage en repetant, encore moins en discutant, tout ce qu'on en à dit; il n'est aucun militaire instruit qui ne soit aujourd'hui convaincu que la première et la principale faute commise par les Austro-Russes est d'avoir pris la determination de nous attaquer. Que la bataille d'Austerlitz ne fut point une bataille rengée; que même ce fut moins une bataille qu'une rencontre: ce fut une armée attaquée dans sa marche. En l'examinant attentivement le fait on voit que cette action ne doit être consideré que comme un combat particulier entre un tiers de nôtre armée et les deux cinquièmes de celle des Austro-Russes. Que les trois colonnes russes enfournées dans la vallée de Telnitz et le corps de Bangration, devoient êtres consideré comme nul dans le combat qui decida de cette journée, ayant été tenus en arréts. Que nos attaques n'ont étés uniquement dirigés que contre la quatrième colonne ennemie où étoit les deux Empereurs Alexandre et François et le général en chef Koutousoff, ainsi que contre leur corps de reserve commandé par le grand Duc Constantin, qui, surpris dans leur marche et attaqués par des forces superieures en nombre et en qualité de troupes, ne pouvoient que sucomber, malgré tous les efforts de la plus intrepide valeur qu'ils firent constament pendant deux à trois heures de combat: et qu'aucun talent militaire n'auroit pu les tirer du mauvais pas où nos combinaisons les avoit attiré: combinaisons qui constitue l'essence de l'art de la guerre.

Schellenberg
Danube F.
Donawerth
No. 69
No. 70
Danube F.
Lech F.
No. 71
No. 72
No. 68
Göttingen
Cassel
Erfurt
Fulda
Hof
Halle
Leipzig
Torgau
Bautzen
Dresde
Breslau
Brieg
Oppeln
Neiss
Schweinitz
Glatz
Koeniggratz
Prag
Egra
Bayreuth
Bamberg
B O H E M E
Pilsen
Klattau
Budweis
Iglou
Brünn
Olmütz
Austerlitz
Hradisch
M O R A V I E
Coblence
Francfort
Aschaffenburg
Wirtzburg
Mayence
Mergentheim
Nurnberg
Amberg
Manheim
Spyre
Landau
Anspach
Heilbron
Carlsruhe
Ratisbonne
Danube
Ingolstadt
Neubourg
Stuttgard
Donawerth
Passau
Landshut
Linz
Wels
A U T R I C H E
Wiene
Presburg
Strasbourg
Ulm
Augsbourg
Munich
Braunau
Steyer
Neustadt
Odenburg
Landsberg
Salzbourg
Memmingen
Freybourg
Brisach
Kempten
Füessen
Kuffstein
Schaffouse
Constance
Basle
Zurich
Inspruck
S T I R I E
Bruck
Grätz
Judenburg
Stein
C A R I N T H I E
Klagenfurt
Villach
Marburg
Cilli
Lucerne
Coire
T Y R O L
Brixen
Botzen
Berne
S. Gotthard
V E N I S E
C A R N I O L E
F R A N C E
H O N G R I E
S I L E S I E

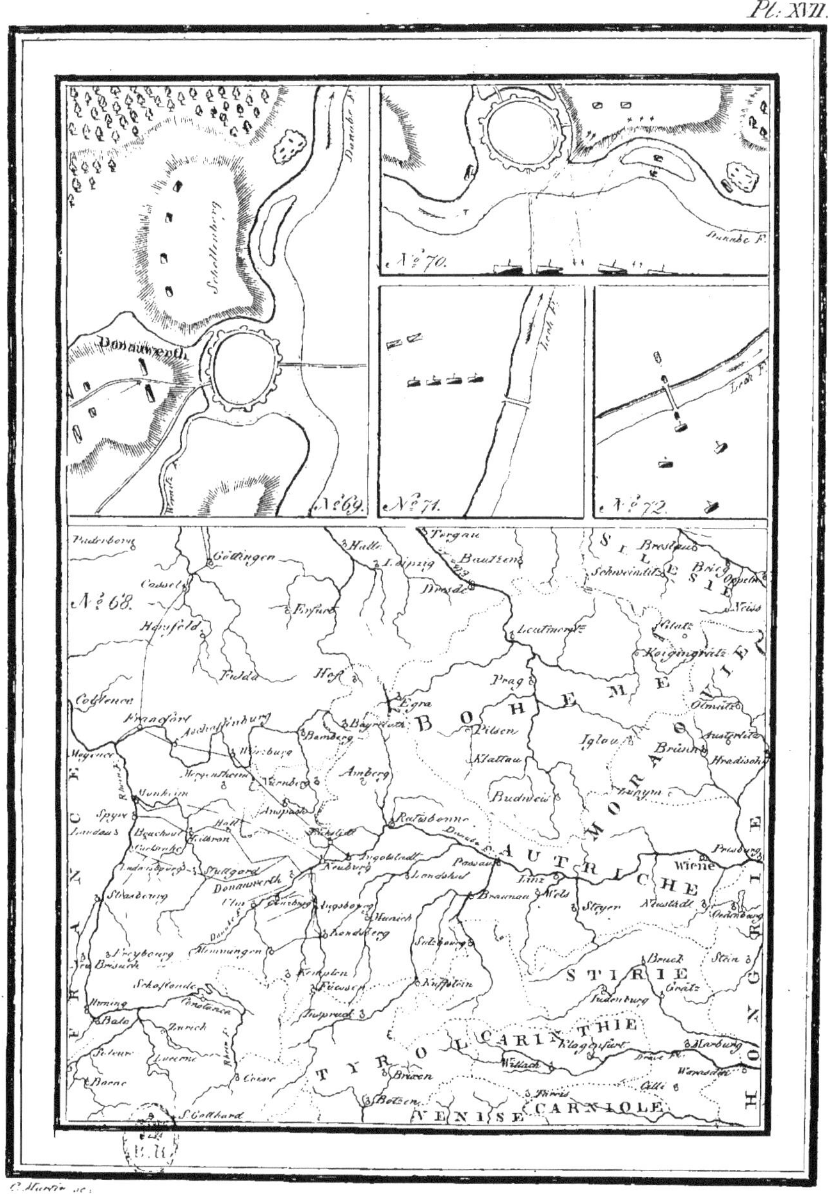

C. Martin sc.

Pl. XVIII.

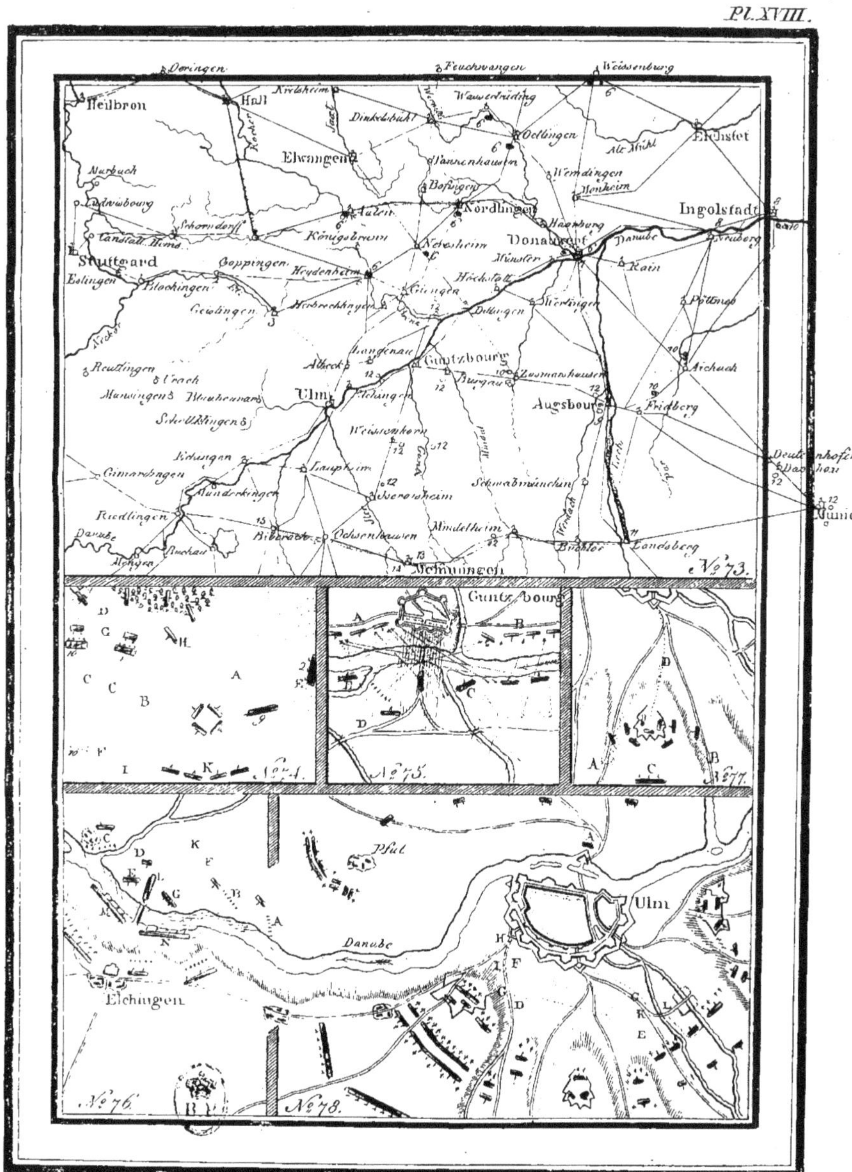

Martin sc.

Pl. XIX.

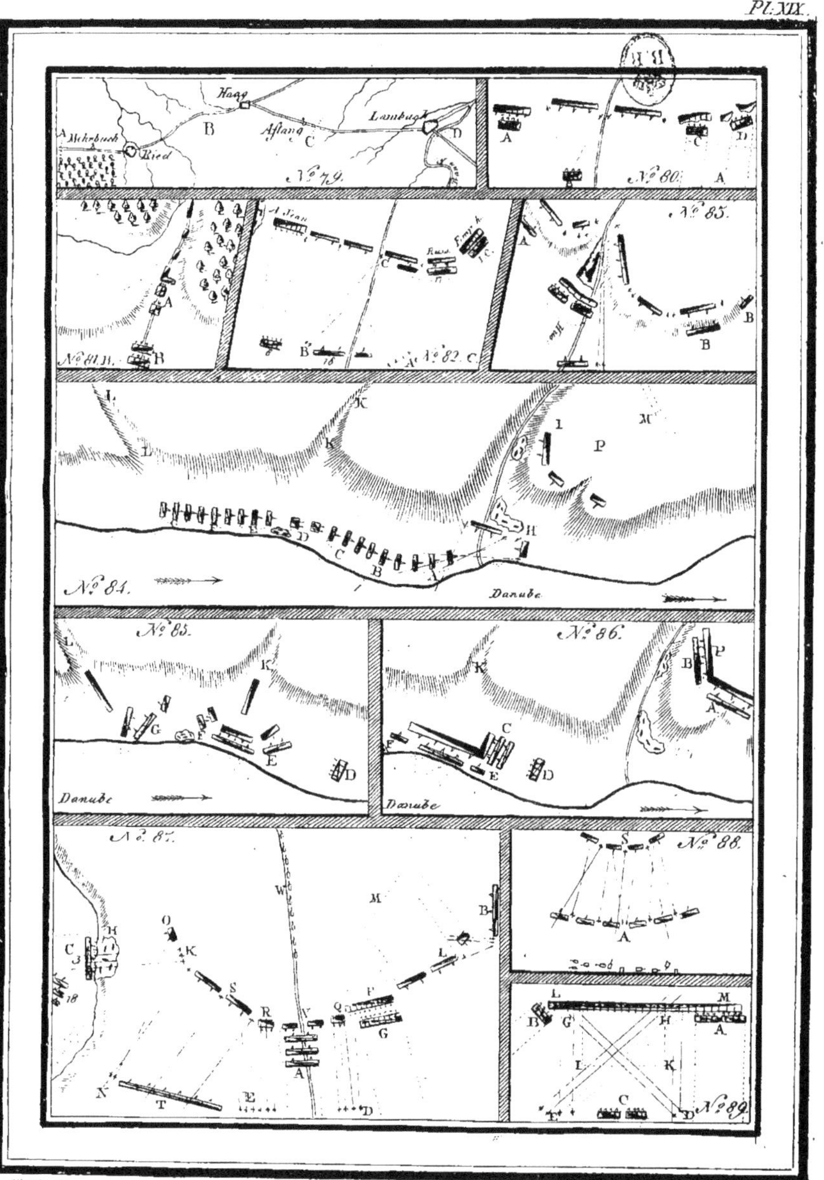

Martin sc.

BATAILLE D' AUSTERLITZ

du 2 Decembre 1805.

Pl. XX.

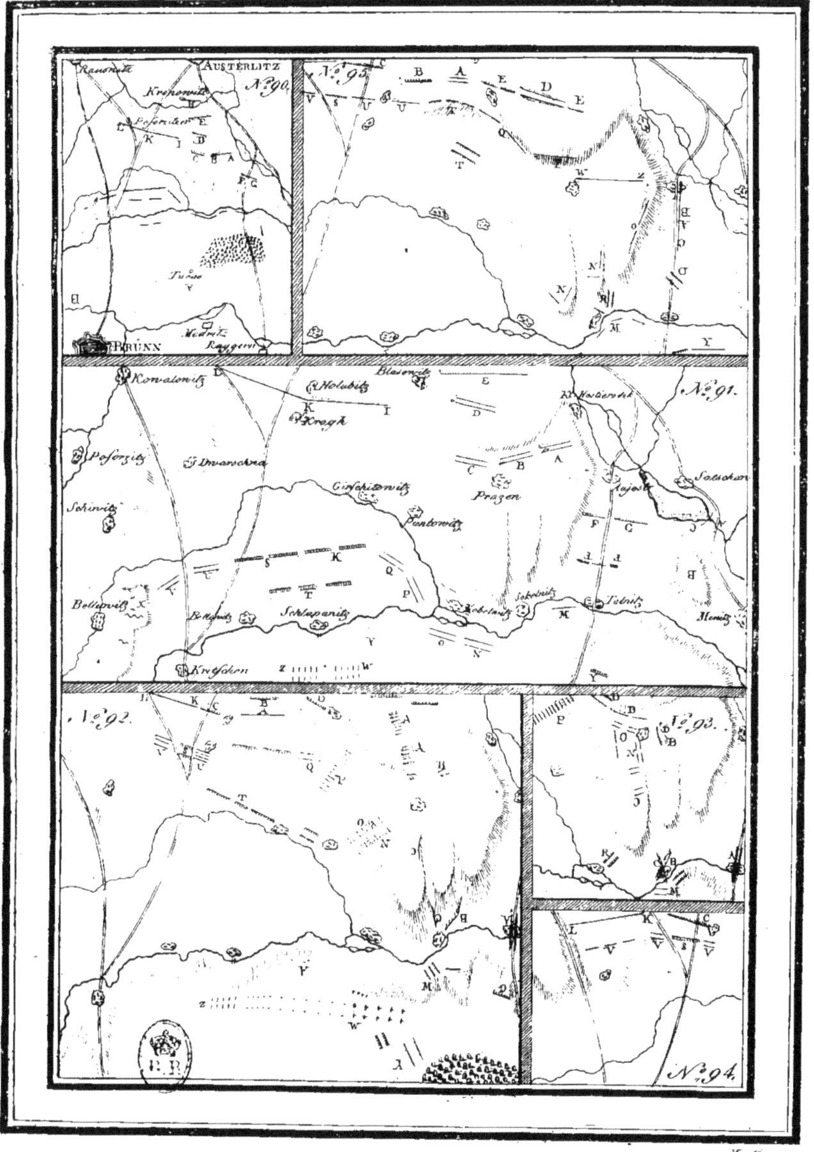

Martin sc.

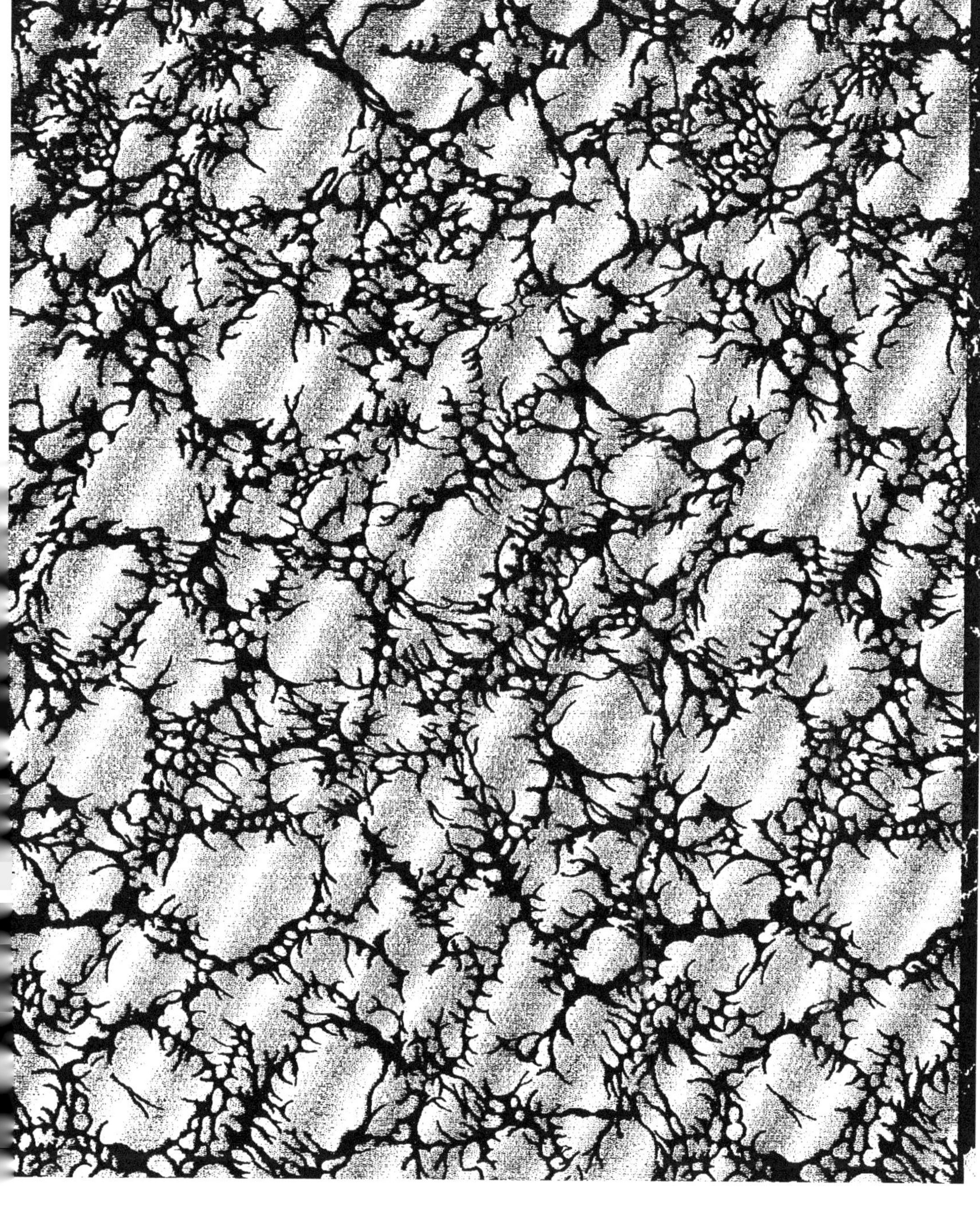

www.ingramcontent.com/pod-product-compliance
Ingram Content Group UK Ltd.
Pitfield, Milton Keynes, MK11 3LW, UK
UKHW021050200726
13857UKWH00003B/872